老辣

三国大谋士历史特写

博文◎著

中国财富出版社有限公司

图书在版编目（CIP）数据

老辣：三国大谋士历史特写 / 博文著. -- 北京：中国财富出版社有限公司，2024. 11. -- ISBN 978-7-5047-8338-7

Ⅰ. K820.36

中国国家版本馆 CIP 数据核字第 2025VH9506 号

策划编辑	张彩霞	责任编辑	郝婧婕　陆　叙	版权编辑	武　玥
责任印制	梁　凡	责任校对	卓闪闪	责任发行	杨恩磊

出版发行	中国财富出版社有限公司		
社　　址	北京市丰台区南四环西路 188 号 5 区 20 楼	邮　　编	100070
电　　话	010-52227588 转 2098（发行部）		010-52227588 转 321（总编室）
	010-52227566（24 小时读者服务）		010-52227588 转 305（质检部）
网　　址	http://www.cfpress.com.cn	排　　版	博峰文化（北京）有限公司
经　　销	新华书店	印　　刷	三河市九洲财鑫印刷有限公司
书　　号	ISBN 978-7-5047-8338-7 / K · 0249		
开　　本	710 mm×1000 mm　1/16	版　　次	2025 年 4 月第 1 版
印　　张	13	印　　次	2025 年 4 月第 1 次印刷
字　　数	174 千字	定　　价	52.00 元

前 言

滚滚长江东逝水，浪花淘尽英雄。是非成败转头空，青山依旧在，几度夕阳红。白发渔樵江渚上，惯看秋月春风。一壶浊酒喜相逢，古今多少事，都付笑谈中。

——《临江仙·滚滚长江东逝水》

一部三国史，千古豪杰篇。中华文明上下五千年，历史长河跌宕起伏，若要评出最精彩的一段历史，三国当仁不让。在这段可歌可泣的岁月里，勇士、谋士、国士在乱世中斗智斗勇；阳谋、妙计、诡术于搏局内层出不穷；卫道士、野心家、投机者在庙堂江湖针锋相对。

龙争虎斗，韬略权变，是后人给三国贴上的标签；而复杂多变的人物，令人拍案叫绝的谋略，则是三国赐予历史的张力。正是因为有无数伟大人物燃尽自己的生命谱写这段历史，所以三国才能在历史的天空中熠熠生辉，在浩如烟海的史书中特立独行。

以人为鉴，可以明得失；以史为鉴，可以知兴替。读懂历史故事，能明白怎么做人，懂得如何办事，而三国故事更是教人灵活处世、权变谋胜的经典教材。

可惜太多人只沉迷于其中热闹，却忽视了其中成败的门道。

越是人们耳熟能详的历史，越容易被人们当成茶余饭后的谈资。一本《三国演义》描绘了那段历史的粗犷轮廓，却也让许多三国人物由于太过耳熟能详而被草率定义。说起董卓都觉得“昏”，提起袁绍都认为“愚”，谈起鲁肃只记得“憨”……但可曾想过：

董卓若只是个昏招迭出的蠢人，他凭什么从一个西凉小人物成为祸乱天下的权臣？

袁绍既然那么愚昧无知，怎么会成为东汉末年势力最强的军阀？

鲁肃要是一个胸无城府的憨直之人，哪会被孙权选为周瑜的接班人？

…………

太多三国人物的非凡之处，他们的手段与权谋，被淹没在戏说与“水煮”之中。在那乱世中，普通人想要苟全性命尚且需费尽全力，能在史册留下名字的人，岂是一个字、几句话能轻易概括的？

能在青史上留名的人物，哪有庸才？都是人精！若真能从他们身上悟出点做人做事的道理，学到个一招半式，许多现实中的难题便可迎刃而解。

《老辣：三国大谋士历史特写》是一本深度分析三国人物手段与权谋的智慧书。大多数人对书里的人物耳熟能详，但对书中阐释的做人做事的道理、成功成名的手段，恐怕是未曾参悟的。

本书不仅给读者提供了一个看待三国人物的全新视角，更重要的是：可以让读者通过重新认识三国人物，生出一双能够从头审视现实生活的眼睛——当熟悉的历史故事照进我们的生活，我们对于周遭事物一定会有新的感悟。

回望过去，是为了展望将来。品读历史人物的功过是非，是为了寻求解决现实问题的底层思维。

今天的人切不要以为自己比古人高明，从进化的角度来看，我们的智力并不显著高于两千多年前的人；从人性的角度来看，更是千古不变。所以千万不要站在上帝视角去看待历史人物，想要从历史中有所得，应该努力去平视，甚至仰视那些名垂青史的能人，努力与他们产生共鸣。唯有如此，才能让历史人物住进我们的心里，让那些了不起的谋士成为我们思考问题、解决问题时的助手。如此才算从历史中汲取到了智慧。

《老辣：三国大谋士历史特写》一书立足历史故事，用全新的叙事语言进行阐述，深度拆解一场场精彩的战略对局；从特殊的群像维度走近三国大谋士，引领读者深入感受他们的韬略与权变。本书在带读者品味历史进程的同时，亦能让读者体会三国人物的多面性，理解他们在历史中的矛盾与抉择。

本书以三国大事件为章，以“董卓乱汉”为始，以“祁山洛水”为终，既是一本展现历史洪流与人物命运的“三国简史”，又是一本包罗万象、体现三国人物谋略与思想的智慧之书。以古鉴今，书中通过剖析三国人物展现出来的韬略智慧，结合现代人的生活实际给出实用案例，力求让每位读者都能开卷受益，在品读精彩历史故事的过程中，亦能从前人的智慧中发现属于自己的生活解法。它是比《三国演义》更现实的智慧书，比《三国志》更易懂的权谋书。

目录

第六章 赤壁烽火

合作与对抗：合作是手段，不是目的

第七章 刘备入川

君子豹变：莫信直中直，须防仁不仁

第八章 祁山洛水

隐忍与蛰伏：争是不争，不争为争

第一章

董卓乱汉

变局谋成：会“拱火”更要会“灭火”

中平六年（189 年）四月，汉灵帝刘宏在南宫嘉德殿驾崩，少帝刘辩继位。

幼帝孱弱，国家大权被一分为二，其一落入何太后及其哥哥、大将军何进手中；其二则被宦官把持。

随后，外戚与宦官展开激烈的权力争夺，双方相互排挤，殊死斗争，却谁也奈何不了谁。僵持之际，袁绍给何进提出了一个建议——招军阀董卓进京，铲除把持朝政的宦官，维持政局稳定。但谁知，此举彻底改变了历史的进程……

袁绍

巧妙制衡，及时止损

在袁绍心目中，无论是面皮干净的太监，还是屠户出身的何进，都不配掌握国家大权。

什么人配？

当然是自己这类人——出身高贵，世代为官，祖祖辈辈都是国家栋梁。袁绍出身于势倾天下的“汝南袁氏”，从高祖父袁安起，袁氏四世之中有五人官拜三公。“四世五公”的荣耀，谁能匹敌？

但如今世道变了！自汉桓帝开始，开始重用宦官，宫里的太监们得势了；到了汉灵帝的时候，又宠幸后宫，那何太后本来是个屠夫的女儿，靠着姿色魅惑了皇帝，皇帝竟然爱屋及乌，把何太后的哥哥封为了大将军。

现在，想要在朝廷里混，只有两条路，一条路是投在大将军何进门下做事，另一条路是依附于那帮太监，成为宦官党羽。比较起来，袁绍心里觉得给何进当“小弟”还稍微体面点儿。

但袁绍怎么会甘心久居人下？又怎么能眼睁睁看着朝廷的大权被外戚和宦官把持？于是，他想出个办法——劝何进招董卓进京！

站在上帝视角来看，招董卓进京，是导致天下大乱、汉朝灭亡的导火索，怎么说都是个馊主意。但是，站在当时袁绍的立场上来看，这是个老谋深算的举措，上利国家，下利自己。

首先，袁绍和董卓的关系不一般。《三国志 · 董卓传》里说：

> 并州刺史段颎荐卓公府，司徒袁隗辟为掾。

也就是说，董卓曾经给袁隗当过幕府，是袁家的掾吏，而袁隗是袁绍的叔父。正是沾了袁家的光，董卓后来才平步青云，仕途一路平坦。从某种程度上来说，袁家是董卓的恩人，没有袁家，哪有他今天的地位？正因如此，袁绍极力推荐董卓入京，想把“关系户”调进京城，壮大自己的实力。

袁绍的计划可能是这样——招自己家族的小弟董卓进京，先帮助何进把宦官收拾了，再想办法收拾何进。到时候，朝廷的大权会重新回到皇帝手中，来自世家大族的官员，比如自己，就会受到重用，一切都回到从前。

至于董卓这个人，寡恩薄义、贪得无厌，袁绍肯定也知道。但是他不怕，因为董卓的力量不足以对抗何进，所以董卓想要在京城立足，就必须依附于在政坛根深蒂固的袁家，这是袁绍认为自己能够控制董卓的底气所在。

客观上来说，袁绍的计划是很高明的，但他低估了何进的愚蠢程度，这就导致整个计划脱离了正轨。

当时，何进经常出入后宫，去见自己的妹妹何太后。袁绍苦口婆心地对何进说："后宫是宦官们的地盘儿，你应该少去那里，太危险！"何进却没把袁绍的话放在心上。

另一边，太监们听说何进招董卓进京也很慌，他们决定先下手为强，除掉何进。于是，宦官们给何进送去消息，说何太后想见他。何进毫不怀疑，进宫去见何太后，结果刚到宫中，便被太监们围起来杀掉了！

袁绍见何进被杀，终于找到了对宦官用兵的理由，带着军队冲进宫里，将宦官杀得一干二净。

不久之后，董卓带兵来到了京城……

现在的局面，已经和袁绍的预想完全不同了，他本想让董卓、何进、宦官三方制衡，自己居中得利，但是现在因为何进的愚蠢举动，他预想中的"稳定三角"局面无法形成，董卓一家独大了。如此一来，寡恩薄义、贪得无厌的董卓便成了袁绍无法控制的强大力量。

在此背景下，袁绍没有与董卓“硬刚”，他及时止损，离开京城，回到了自己的地盘冀州，在那里，他的力量依然强大，依然保留着扭转局面的可能性……

权变

制衡术自古以来便被广泛运用于管理与御人当中。

鲇鱼效应，就是制衡术的绝妙应用。

沙丁鱼活鱼的价格比死鱼高很多，

但沙丁鱼生性懒惰，容易在运输过程中因缺氧而死亡。

为了解决这个问题，渔民们尝试了各种方法，都效果不佳。

有人发现可以在沙丁鱼的鱼槽中放入它的天敌鲇鱼，

这样能有效地延长沙丁鱼的存活时间。

鲇鱼的威胁使得沙丁鱼被迫四处游动，从而获得了更多的氧气。

制衡的核心，就是打破利益的天平。

但凡事有度，才有止损的余地。

董卓

高效决策，精准执行

收到那封朝廷让他进京勤王的诏书时，董卓笑得很开心。

董卓不是那种业务能力很强的人，但是靠着老练的手段，几十年来在官场上平步青云。当年，董卓担任西域戊己校尉时，因为办事不力被免职，他便四处找门路、拉关系，最终得到了一个在袁隗手下做事的机会。靠着这个机会，他重回官场，成了并州刺史。

后来黄巾军起义，董卓奉命“剿匪”，却被张角吊打，遭到朝廷斥责、贬官。董卓又四处找门路、送好处，不仅没有被清算，还成了坐镇一方的军阀。

虽然步步高升，但董卓毕竟远离权力中枢，想要再进一步那是难上加难。因此，当他收到勤王诏书时才会笑得那样开心——这是一个机会，一个走向国家权力巅峰的机会。

董卓从来不会放任机会溜走，于是他赶忙带着三千兵马，日夜兼程前往洛阳。

到洛阳城下时，董卓发现情况有点不对——城中火光冲天，看起火的方向，好像是皇宫。

事情变得有趣了！

董卓立刻派探子去侦查，得到了“何进被杀，宦官遭诛，京城里乱成一团，小皇帝离开皇宫”的消息。董卓立刻意识到，小皇帝是关键，只要找到他，就能掌控局面。于是，在小皇帝被挟持前往洛阳东北小平津的过程中，董卓率军疾驰，找到了小皇帝。

关于这个过程，史书上是这样说的：

> **中常侍段珪等劫帝走小平津，卓遂将其众迎帝于北芒，还宫。**
>
> ——《三国志 · 董卓传》

到这时，董卓第一次掌握了主动权。

大变革面前，拼的是决策，谁的决策更高效，谁就更容易抢占先机。小皇帝离宫，连董卓这个外来户都能快速打听到天子的去向，执掌朝政的太傅袁隗，以及手掌兵马大权的袁绍当然都清楚。但在他们心中，首要的是保证自己当前的利益，然后才是寻找天子。

相较而言，董卓明显高明得多，一下子就抓住了重点。

当然，能抓住重点，精准执行，董卓的手段自然不止于此。想先找小皇帝就一定能找得到吗？要知道，当时局势混乱，除了他之外，还有其他几路兵马一同进京勤王，其中不乏聪明的家伙，也在疯狂地寻找小皇帝。但唯独他，拔得了头筹。他是如何对京城里面的情报了如指掌的？

这就是董卓另一个老辣的地方了——未雨绸缪，及早布局。既然有心问鼎权力巅峰，他早就在京城里布下了一颗钉子——他弟弟董旻。早年间，他通过一番运作，给董旻谋了个奉车都尉的官衔。这个官不大，却常驻京城，可以为他传递来自权力中枢的情报。

及早布局的巨大作用，在此刻显露无遗。

董卓率领军队，轻松找到小皇帝，并将其层层“保护”起来。

对于这种保护，小皇帝害怕极了，当场“哇”的一声哭了出来。大臣们更是心惊胆战。当然也有几个不怕死的，大着胆子，跳出来劝董卓退兵。

退兵？开什么玩笑！董卓自然不会放手。他当场大骂群臣：“你们这群无能之辈，不能匡扶国家社稷，让天子流落在外，有什么脸让我退兵？”

骂得很痛快，表现很强势，但此时董卓的内心慌得不行。

原因很简单，手下没人啊，仅有三千人随他一起入京。而京城中，原本受何进节制的兵马就有数万。这万一要打起来，自己岂不是以卵击石？

慌归慌，怕归怕，但董卓有备而来，早就想好了应对策略。他仅用三招，就以少量兵马控制了洛阳。

第一招，是“骗”。

三千人马，自然少得可怜。但那些惊慌失措的文武大臣，却不清楚他的底细啊。在接下来的时间里，他每隔几天，就让一部分军队在夜间偷偷出城，第二天早晨，再大张旗鼓进入洛阳。这番操作，真就唬住了不少人，为他争取了宝贵的时间。

> 初，卓之入也，步骑不过三千，自嫌兵少，恐不为远近所服，率四五日辄夜潜出军近营，明旦乃大陈旌鼓而还，以为西兵复至，洛中无知者。
>
> ——《后汉书 · 卷七十二 · 董卓列传第六十二》

第二招，是“拉”。

何进死了，他的部将吴匡怀疑何进的弟弟何苗与宦官勾结，攻杀何苗，斩其首级。这下倒好，老何家一下子就群龙无首了，几万将士不知该听谁的。董卓本是“爱肉”之人，这块“大肥肉”，岂有不吃之理？他巧施手段，控制了几个主要将领，很快就把这股势力拉到自己麾下。

第三招，是“并”。

当时奉召入京的，除了董卓，还有并州刺史丁原。董卓有野心，丁原也想把持朝政，两人谁也不服谁，很快闹翻了。而且，丁原久经战阵，一下子就识破了董卓瞒天过海的手段，准备出手。关键时刻，董卓又抢先一步，收买了丁原身边的吕布，顺利地干掉丁原，合并了其并州兵马。

这个时候，从军事实力上看，董卓已经没有对手了。他长舒一口气，开始按照计划，落下自己的收尾之棋——安抚人心。这是他高效执行最关键的一步。

他摆出一副礼贤下士的姿态，花了大量心思，讨好朝中的士人集团，提拔、封赏他们。当然，他也不忘大力提拔一批新人，比如伍琼、荀爽、韩融等。权力在手，就需要有人支持，有人为自己卖命。

董卓的算盘打得叮当响，却浑然不知，人群中有个人正盯着他，咬牙切齿。

这个人叫曹操。

权变

抓住命脉，直切问题核心，再复杂的问题都能瞬间解决。

春秋年间，齐弱楚强，但齐国想要以弱胜强。

管仲出高价大肆收购楚国的鹿，楚国民众见有利可图，于是纷纷放弃耕地种粮，转而奔往深山去捕鹿，导致农业荒废。

与此同时，管仲密令各诸侯国禁止与楚国通商买卖粮食。一年间，楚地大荒。管仲见时机成熟，向齐桓公建言发兵楚国。

楚军此时人黄马瘦，丧失战斗力，只好对齐国俯首称臣。

学会精准打击对手七寸，釜底抽薪，便能以弱克强，以小吞大。

曹操

变通处世，进退自如

按理说，曹操不应该与宦官势力划清界限，因为他本身就与宦官有着说不清、道不明的“亲戚”关系。

他父亲曹嵩，是宦官的养子。以此而论，他应该算是宦官的“孙子”。但曹操这个人，极为聪明，办事能力又强，更难得的是还有一腔“爱国热情”，所以早早看清形势，站在了宦官的对立面。

难怪在其青年时期，名士许劭就评价他说：“如果在太平时代，你可能成为能臣；要是在乱世，你会成为奸雄。”

很不巧，曹操生逢乱世，注定了要成为“奸雄”。而在多数情况下，“奸雄”要比英雄更擅谋略和手段，也更懂得变通处事。

因为脑袋瓜灵活，所以当何进听从袁绍建议，要以勤王的名义令董卓进京时，曹操的第一反应是——这是什么昏招！

当然，他可不敢这样硬怼，毕竟何进的地位摆在那里呢。于是曹操只好苦劝：“诛杀宦官派个小吏就好，你让人带大军添什么乱。”他看得很透，何进这么搞，一定会把简单的事情复杂化。

但何进是个死脑筋，一意孤行，没有听进去。

曹操无奈，只好摇摇头，当了一回预言家：“乱天下者，必进也！”

不久，预言成真。董卓还没有进京，何进就被临死反扑的宦官们先下手为强给杀了，宫廷顿时一片混乱。而且这场混乱很快由宫廷蔓延至整个洛阳。小皇帝被挟持着出逃，大臣们争权夺利，各路勤王将领虎视眈眈……东汉乱世，山河破碎。

乱世才有机会成为英雄。对曹操来说，这就是个机会。

不过，在这个节骨眼上，他却聪明地选择了按兵不动。当局势混乱、形势不明，对手又很强时，聪明人都会先站在暗处观察，弄清楚了再做决定。

各路勤王将领中，以董卓头脑最灵活，手段最多。他很快就捡了个大便宜，凭着几招唬人伎俩，几乎没费什么力气，就完全掌控了局势。不仅收编了洛阳的禁军，还合并了丁原的并州军，成立西凉军团，从此乾纲独断，牛气冲天。

权势越大，董卓就越想招揽人才为己用。毕竟谁都明白，手里有人好办事。于是，他开始大肆收服朝中一些有才能的大臣。而曹操，就是他的首选。为了示好，他大手一挥，封曹操为骁骑校尉。

曹操肯接受吗?

自然是肯的。变则通，通则达。曹操从来都不是拘泥之人，权衡变通尤胜常人。当看到董卓的势力越来越大时，他虽然心中暗骂，脸上却笑开了花。董卓示好，他接着；董卓给官，他也干着。反正皇帝还在，董卓的实权虽然凌驾于皇权之上，但名义上还是汉朝的臣子。朝廷给的封赏，不拿白不拿。

曹操的“识时务”，让董卓大为高兴，两人的关系越来越亲密了。董卓时不时会召曹操来议事，而曹操也极尽所能，把董卓哄得喜笑颜开。

不知不觉中，曹操已成为董卓的心腹。虽然这只是权宜之计，他却做得天衣无缝。至少董卓仗着权势，大肆铲除异己时，他不仅没事，而且活得很好。

他当然也在等待一个机会，一个弄倒董卓、问鼎权力巅峰的机会。

不久之后，董卓就把这个机会给送来了。董卓在朝堂上闹得很欢，享有“赞拜不名”“剑履上殿”等特权。爽是爽了，却把自己闹成了“全民公敌”。大臣们一合计，干掉他!

于是，司徒王允安排了一次假寿宴，邀公卿贵族过府一叙。在宴会上王允竟然对着一群公卿贵族哭了起来。

曹操见王允对着一大群人哭，顿时皱起眉头，更直言哭完全没用。

待众人怒斥他时，他却告知，自己想出了除掉董卓的好主意，并且愿意立即行动。

曹操果然是说做就做，一点也不拖泥带水。

他就抱着一把从王允那里借来的七宝刀，独自来到董卓府上，借口献刀，上演了一出教科书级别的刺杀大戏。

在董卓房间里，他有两次刺杀机会，却始终没有出手，反而让董卓产生了怀疑。世人都称曹操英雄了得，胆大心细，殊不知，这正是他的高明之处。

他原本就不想当场挥刀刺杀董卓。

要知道，董卓本身就武力不凡，刺杀未必能够成功，伍孚就是个教训。更何况，董卓身边，还有个武力值恐怖的吕布。杀了董卓，自己还能活命吗？他心里清楚，无论杀不杀得掉董卓，只要举刀，自己必死无疑。

可他还是要来，而且还要让董卓产生怀疑，这是为何？

很简单，鹬蚌相争，渔翁得利。董卓不和王允等公卿贵族干起来，他哪里会有出头的机会？他借王允的刀，借王允的名，再营造一个“王允派人刺杀董卓”的假象，故意“拱火”。这董卓要是还坐得住，就不是董卓了。

至于他自己，早就想好退路了。刺杀行动失败，他立即跑路，跑到陈留去了。

这一招，进得妙，退得更妙。

权变

我们来看一个现代版的“孟德献刀”：

A 住的小区里，有一人养的狗很吵，此人平时行为作风霸道，没人敢管。A 作为他的邻居，平时受害最深。

A 多次尝试与他理论，次次铩羽而归。

后来，A 只用了一招，就再没听到狗叫过。

他在楼道里贴了张纸，上面写：

不乐意住就搬走，穷得都住这里来了，就别嫌狗吵!

生活中矛盾时有发生，将矛盾激化升级，也不失为一种解决矛盾的方法。只有精准切中多方博弈的矛盾点，才能得渔翁之利。

王允

虚与委蛇，笑里藏刀

王允这个人，前半生吃透了“直”的亏。

他的性子太直了，直到没朋友。

十九岁那年，他被推举为郡吏。任职不久，便遇到一件极为复杂棘手的事：晋阳地区有一名叫赵津的小黄门，仗着自己的主子是朝廷当权宦官，在当地横行霸道，为所欲为。百姓慑于赵津的淫威，敢怒而不敢言。

王允不怕，他气愤地对手下人说：“王子犯法，与庶民同罪。如此为非作歹，贪赃枉法，格杀勿论！”表完态后，他随即派人抓了赵津，并将其解押到东市斩首。这一耿直行为连累当时的郡太守受征入京，下狱而死。而王允也因此三年未出仕。但王允“少好大节，有志于立功，常习诵经传，朝夕试驰射”，朝廷三公同时向他抛出橄榄枝，邀他到京城当官。就这样，王允怀揣一腔爱国热血，昂首挺胸，从地方州郡迁到了中央朝廷，登上了更大的政治舞台。

这一切得益于他的刚正、耿直，但很快，这种行事风格也让他吃尽了苦头。

黄巾军农民起义爆发后，为了迅速镇压起义，东汉政府特别选拜王允为豫州刺史，率领重兵讨伐黄巾军。王允这个人，治国有一套，领兵打仗也同样不凡。他设计了周密的作战方案，带着一干将领奋勇杀敌，很快就击溃了豫州一带的黄巾军。

之后，他和左中郎将皇甫嵩、右中郎将朱儁等人，共同受降数十万黄巾起义军。

问题出现了。

在受降过程中，王允从黄巾军身上搜查到一封中常侍张让的门客所写的书信，信中涉及一些与黄巾军有关的内容。这说明了什么？很明显，张让这个大宦官与黄巾军私通啊！

王允岂能容忍这些？于是，不管皇帝有多宠爱张让，也不顾身边人的劝告，他撸起袖子一查到底，还把事情捅到了皇帝那里。

这一下，他可把张让得罪得狠了。张让本就是个睚眦必报的人，先后两次随便找了个借口，便将王允陷害下狱。王允从朝廷大员，变成了狱中常客。

司徒杨赐知道他的性格，派人劝他说："你得罪了宦官张让，一个月之内，两次下狱，很明显他故意整你呢。看情形，你凶多吉少，性命难保，何不先退让一下，忍一忍呢？大丈夫能屈能伸，不如你跟他服个软？"

王允的手下也痛哭流涕，劝王允向张让认错赔罪，求对方网开一面。

但王允死也不从。

最终，在三公要员的一再上书下，王允终于被免罪释放。但看到朝中宦官当权，张让等人横行霸道，为所欲为，他对朝廷彻底失去了信心，于是改名换姓，离开洛阳，辗转于河内、陈留之间。

离开后的王允心态也发生了变化。大约从这时起，他开始慢慢改变自己的行事风格。自此，那个做事耿直、不顾后果的王允消失了，取而代之的，是一个行事缜密、城府极深、笑里藏刀的王允。

他盼着，有朝一日能重回洛阳，除尽奸佞，斩断恶障。

不久之后，这个愿望竟然真的实现了。灵帝驾崩，朝廷局势极为混乱。大将军何进趁势把控朝政，大肆结交和拉拢亲己势力，打压宦官集团。何进知道王允的能力，于是便想尽办法，把他给撬了过来。

只可惜，人算不如天算。张让集结党羽，用何太后的名义把何进召入宫中，趁机伏杀。王允的报国梦，又因失去靠山戛然而止。

但此时的王允，已非彼时的王允，做起事来多了几分从容和圆滑，少了一些冲动与刚直。何进被杀后，袁术等人领兵入宫讨伐张让，张让等人挟持小皇帝和陈留王刘协半夜出逃。王允当机立断，派闵贡随后保护，他心里清楚，只要能保住小皇帝这支大旗不倒，以后就还有机会。留得青山在，不怕没柴烧。

他的策略虽好，却没能快过董卓的兵马。

董卓半道杀出，以保护小皇帝的名义，挟持了天子。王允虽然心有不甘，但此时的他早已成功“转型”，不愿再做“出头鸟”了，而是安心做起了“顺民”。

历史证明，王允的隐忍是对的。

董卓掌权后，志得意满，一心一意凭实力“找死”，各种缺德冒烟的事情为所欲为。他先把小皇帝刘辩废了，另立陈留王刘协为新帝。接着又把刘辩和何太后毒死了。这还不算，他更是在朝堂上大肆铲除异己，弄得天怒人怨。

当然，董卓一边打击对手，一边也不忘招揽人心，拉拢盟友。王允家大业大，而且是并州人，也算是西北半个老乡，威望也挺高。他就极力拉拢，对王允极好，又是给官做，又是送礼物。

而王允呢，展现出了极深的城府。他对董卓不仅不再喊打喊杀，还虚与委蛇，表现得极为恭顺。作为吃尽苦头的过来人，在这个关键时刻，他把“虚”表现得淋漓尽致。

董卓召唤，他随叫随到；董卓发话，他立即执行。他的“听话”，让董卓极为满意，直接把他当成了“自己人”，玩儿命地给他升官。王允先做了董卓政府的太仆，不久又升为尚书令。等董卓迁都长安后，他以司徒兼尚书令身份掌握中枢机要，成为朝政核心人物。

当然，王允脸上虽然挂着笑，心里却暗暗拔了刀子。他明面与董卓关系极好，但背地里一直在密谋除掉董卓，甚至渐渐发展了一个“杀董”小组。

他自然成功了。那一天，他亲手送出自己的义女貂蝉，使用反间计，成功挑拨了董卓和吕布的关系，最终吕布将董卓杀死在长安城内。

那一天，他仰天大笑，几年来虚与委蛇，在此刻终于可以卸下伪装……

权变

害人之心不可有，防人之心不可无。

虚与委蛇的人，一般有三种常见类型：

一、名声不好，但特贴心的人；

二、不守规矩，但人缘特好的人；

三、背后说坏话，但当面特和气的人。

一旦我们在生活中遇见这种人，那可要十分小心。

不怕真小人，就怕伪君子。深交不慎，当心背刺。

陶谦

置身事外，弯道超车

听到董卓带兵入京的消息时，陶谦一点也不吃惊，只是淡淡地说："这个家伙，终于还是按捺不住了啊！"

对于董卓这个"老朋友"，陶谦还是很熟悉的。

他想起中平二年（185 年），北宫伯玉等率领羌胡进犯三辅，朝廷命令司空张温率军讨伐，董卓为破虏将军，他为参军事。从那一战中，他就看出董卓不简单，不仅很会打仗，而且野心很大。现在，董卓带兵入京，会老老实实只勤王，不想其他？

绝不会！因为他知道，董卓不是一匹狼，而是一头猛虎，饿极了的猛虎。现在，猛虎出笼，天下要大乱了。

虽然他也很想趁乱抢块肉吃，但他知道现在不是时候。京城这个地方，除了董卓外，想吃肉的人实在太多了。他要慢慢等，静静等。

于是，在无数有势力的人都把触手伸向京城洛阳时，在董卓趾高气扬地废少帝、立献帝，把持朝政时，一向脾气急躁、胆大倔强的陶谦却忽然安静下来，只静静地守着徐州这一亩三分地，像个局外人。

圈里人都知道，陶谦向来不是个好脾气的人。

他曾在车骑将军张温手下担任参军，可打心眼里看不起自己的顶头上司。一次宴饮，他担任行酒官，不仅没有好好拍领导的马屁，反而借着酒劲，一个劲讽刺自己的领导。张温脾气再好也忍不住了，打算把他调到边疆。

有人劝他向张温认个错，兴许就能大事化小，可他死活不肯。好在张温酒醒后，觉得自己有点过分，就派人把他追了回来。大家都以为，这下子他会向张温服软了。他却完全不领情，反而对张温说："我要向朝廷请罪，不是向你！"

可这么"硬"的一个人，在朝廷大乱的节骨眼上，竟然生生忍住了。

不得不说，陶谦做事非常老到。他早就看出，如今的朝廷乱成一锅粥，贸然闯进去，不仅得不到好处，反而可能会惹来祸端。而最明智的处理方法是——置身事外，静待机会。

他当然也没有闲着，而是把全部精力用在了徐州。外面相互争夺地盘，打得热火朝天，他却把徐州治理得兵强马壮、百姓富足，谷米屯满粮仓。这使得无数流民纷纷涌向徐州，无形中增强了徐州的兵力。

事情果然在朝着他预想的方向发展。

董卓成功步入权力中枢后，大权独揽，飞扬跋扈。他不仅强迫皇帝封自己为相国，还搞了“赞拜不名”“剑履上殿”的特权，更是看谁不顺眼就大肆打压，弄得朝廷乌烟瘴气。这样的情况，自然不能持久。

初平元年（190 年）正月，关东牧守拥立袁绍为盟主，举起了“反董”大旗。这一次，许多大佬都加入了进来，包括后将军袁术、冀州牧韩馥、兖州刺史刘岱、河内郡太守王匡、广陵太守张超等。但是，陶谦却没有加入进来。

他知道，这次各位大佬虽然暂时联合在一起，但必定是各怀心思，各自为营，因此难以成事。他做事稳重、老成的一面再次体现出来——既然事不可为，不如再看一看。

陶谦的“预估”不幸又应验了。

关东诸位大佬与董卓总共打了三仗——在北路，河内太守王匡被打得精锐尽失；在中路，曹操被董卓手下的中郎将徐荣打得丢盔卸甲，曹操本人差一点小命不保；只有南路的孙坚在历经四场战役后打败吕布，杀进了洛阳。但是，于全局来说，这也不算胜了。

因为这个时候，董卓已经带着自己的主力军队、献帝以及数百万洛阳群众，迁到了长安。

一次不行，就再来一次。没过多久，“反董”大旗第二次被举了起来。这一次，盟主是朱儁。董卓带人走后，留平叛名将朱儁守洛阳。朱儁见董卓朝不保夕，于是就利用这个机会传信给各个州郡，召集人马讨伐董卓。

与第一次不同的是，这一次，关东大佬大多数没有来，在他们看来，这次只是小打小闹，成不了气候。但陶谦来了，而且还是大手笔——一下子拨了三千精兵。而其他州郡，只是象征性地派了一点人马。

这是为什么？他不怕失败吗？

这才是陶谦的老辣之处。第一次关东联军，大佬太多，而且他也不看好。最重要的是，他如果加入进去，讨不到好处不说，还做不了盟主。没错，他真正的目的，是想成为盟主，从而得到最大的好处。而这一次，机会来了。

他要弯道超车。

在这一波“反董”势力中，陶谦慢慢走在了前面。他上表奏请朱儁代理车骑将军，领导关东军对抗董卓。董卓听说后，也不甘示弱，派出李傕与郭汜率领数万人，到河南对付朱儁。双方发生战争，朱儁被击败，这一次讨伐董卓，也失败了。

但不久之后，董卓就被吕布干掉了。李傕与郭汜集结兵力，杀向长安，最终攻破了长安城，打败吕布，控制了献帝。

陶谦抓住机会，以联军首脑的身份，去朝见献帝，被任命为徐州牧、安东将军。在这场战争中，他以最小的损失，获得了最大的收益，实现了弯道超车。

当然，他还想要更多。

权变

想要弯道超车，就必须具备置身局外的思维。

清朝年间，茶马古道上的商队为抢生意，时常火并。

在这种情况下，一些小商队根本没有生存空间。

商人张敏锐地抓住其中商机，放弃了运输生意，开始转做医药，专为商队服务。

没过多久，商人张便积累了雄厚的资本。

这时他再入行运输行业，水到渠成成了最大的赢家。

在成事的路上，选择远大于努力。

身在庐山外，才知真面目。

孙坚

狭路相逢，勇者无敌

当天下诸多州郡纷纷兴兵讨伐董卓时，孙坚又骂人了。

这一次，他骂的不是董卓，而是张温："老张啊老张，当初要不是你，哪里会有今日的祸患？"一想到那次的事，他就气不打一处来。

那是平定西北羌乱时，也是他和董卓的第一次见面。当时董卓还没有进京，也在随军平叛。不过那个时候，董卓就已经显示出不听号令的趋势。他"慧眼识人"，很快发现董卓野心太大，建议张温趁机铲除。可张温不听，这才有了董卓越做越大的局面。

抱怨归抱怨，骂归骂，孙坚还是第一时间响应号召，举兵讨伐董卓。

实际上，知道要带兵讨伐董卓，他心里不惊不愁，甚至还有点小兴奋。因为自小时候起，他就是个好勇斗狠的主。黄巾之乱结束后，他一身精力无处释放，这次正好可以痛痛快快发泄一下。

孙坚最喜欢干的事情，就是——勇往直前。十七岁时，他和老爹坐船出门，路上碰到强盗抢劫。别人害怕得瑟瑟发抖，他却淡定地对父亲说："此贼可击，请讨之。"然后二话不说，提刀就冲了上去，佯装指挥左右，像个久经沙场的老兵。贼人看到这种情况直接吓傻了，以为是官兵来了，撒腿就跑。

而他竟然兴奋起来，在贼人后面穷追不舍。现在这种情况，遇到"死对头"董卓，他怎能不兴奋？怎能不好好冲锋陷阵一番？

于是，他积极响应袁绍号召，率领一支精锐，踏上了讨伐董卓的道路。对手还是那个对手，只是相较于几年前，他更老练了。

他从长沙起兵，一路向北而去。沿途，他又用了自己一贯的做法——"勇"字当先，狭路相逢勇者胜。只是这个时候，他揍的不是董卓的人，而是其他士族。

在荆州，孙坚逼死了荆州刺史王叡。杀人当然不能出师无名，他给出的解释是王叡不尊重自己。事实上，出身琅琊王家的王叡确实瞧不起出身低微的孙坚，经常拿话挤对他。但是，这也罪不至死啊，孙坚却以“坐无所知”罪直接把这个朝廷高官给逼得自尽了。

这还不算完。在南阳，他又以要粮食为借口，把南阳太守张咨给弄死了。张咨是颍川士族，很有背景，连头上顶着“四世五公”家族之光和“后将军”朝廷之光的袁术，在南阳落脚时，也不敢对南阳有其他想法。可孙坚就敢，以一个“勇”字大杀四方。

孙坚当然不是有勇无谋，他的想法其实挺简单——乱世之中，实力为王。趁着讨伐董卓这件事，他想吞掉荆州和南阳，顺便扩充一下自己的实力。因为只有实力增强了，在与董卓的对抗中才会更有胜算。

弄倒了两个“财主”后，孙坚果然实力大增。他趁势率军到达鲁阳，与袁术相见。袁术一看这小子不错，手底下兵强马壮。为了拉拢他，袁术干脆上表，奏他为破虏将军，兼领豫州刺史。

这是好事。孙坚喜不自胜，又派人打点豫州去了。勇猛只是表象，他性格粗中带细，做事老成，自然非常清楚这时候抢占地盘扩充实力最重要。

孙坚实力越来越强，他做好了与董卓开打的准备。这个时候他却发现，关东联军虽然声势浩大，但都不敢主动出击讨伐董卓。原因只有一个字：怕。

> 卓兵强，绍等莫敢先进。
>
> ——《三国志·武帝纪》

他当然知道其中的原因。一是袁绍等人畏惧董卓西凉兵的实力，不敢主动出击。二是他们那些人，真正指挥作战的经验，跟西凉兵马的相比差太远了。三是联军心不齐，都想着自己获利，又哪肯真心出力呢？

他心里原本就瞧不上那些人，这下更是来气——

你们不打，我来打！

于是初平元年（190 年），孙坚和董卓，开始了首次交锋。

对于孙坚，董卓还是有些惧怕的。当年孙坚想弄死他，他不会不清楚。因此，听说孙坚来了，他对部下说："关东的部队屡遭失败，都怕了我，只有孙坚，不太好对付。应该告诉将领们，让他们有所防范。"他不仅让手下将领小心防范，还派人去劝说孙坚，想以利诱。

孙坚没有答应，义正词严地说："董卓大逆不道，荡覆王室，如今不诛他三族，示众全国，我死也不瞑目，难道还要与他和亲吗？"

一番动员，他把士气值拉满，为后面的大战做足了准备。

孙坚讨伐董卓，可以用"险胜"来形容。论实力，他还是比董卓差了不少，全靠勇猛无畏才勉强占到上风。

在鲁阳，孙坚曾遭到董卓部将胡轸袭击。当时，他准备进军讨伐董卓，派遣长史公仇称带兵回去催运军粮。他在东门外的路上，设帐篷摆酒宴，为公仇称饯行，很多官员也一起参加。突然，胡轸带着一支精锐骑兵毫无征兆地出现，情况万分紧急。

这时候，孙坚老辣的一面就体现出来了。面对强敌，他沉着冷静，命令部队整顿列队，不得妄动，自己则在酒桌上谈笑风生，好像什么都没有发生一样，给敌人唱了一出"空城计"。胡轸被唬住了，不敢轻举妄动，白白错失了良机。

靠着勇猛、老辣的作战风格，孙坚越战越勇，在与董卓的对抗中频频占据上风，最后竟然杀进了洛阳。进城那天，看着洛阳城内的断壁残垣，滚滚浓烟，他长舒了一口气，陷入沉思……

权变

古往今来，十之七八的谋略都是通过人为造势完成的，而造势的核心就是胆魄。想练就一颗好胆，核心就三点：

一是姿态低，需要帮忙的时候，就拉下脸去求助！

二是下手快，凡事决定要做，就马上去做，别瞻前顾后！

三是敢拒绝，任何消耗你的人或事，多看一眼都是你的不对！

隐忍与胆魄均是手段，收放自如，方为正道。

永远记住一点——“势”在人为。

贾诩

玉韫珠藏，不露锋芒

贾诩从来都知道，自己什么时间该做什么事。该沉默的时候，他会老老实实缩着，像个透明人；该高调的时候，他会毫不犹豫露出獠牙，谁都敢咬。

他就像个刺客一样，一直藏着，但千万别逼他出手，他一出手，必定一鸣惊人。

他第一次出手，是很多年前。

那时候，他还是个年轻人，在朝廷里做个不起眼的小官。因为平时低调，不喜欢交际，所以基本没啥名气。但忽然有一天，他就出名了，而且名气很大。

那年因为身体不好，他辞官返乡，在返乡路上遇到了劫匪。眼看就要被活埋了，他却一点也不慌乱，而是淡定地对劫匪说："我是段公的外孙，不要杀我，我家会拿很多钱财来赎我。"

> 时太尉段颎，昔久为边将，威震西土，故诩假以惧氐。氐果不敢害，与盟而送之……
>
> ——《三国志·贾诩传》

贾诩口中的段公，正是当时镇守西北边疆的段颎。段颎智勇双全，威震西土，深受当地人敬爱。所以，他就用段颎的名号来吓唬对方，同时用钱财诱惑对方。

劫匪听到段颎大惊失色，听到钱财喜形于色，就与他立誓盟约，然后放走了他。至于他的同伴，全被劫匪杀了。

其实，贾诩哪里是段颎的外孙，这只不过是他随机应变、保全自身的权宜之计罢了。而在那种危急情况下，这可能是最稳妥、最可靠的方法。虽然年轻，但他做事已然极为老辣。这件事传出去后，他名声大振。

可随后，他却蛰伏了。对于他来说，低调才是人生常态，如果过于张扬，恐怕会给自己带来祸患。

贾诩这一蛰伏，就到了董卓进京。在这期间，他老老实实地做官，娶妻生子，不显山，不露水，不折腾，过着平淡的生活。

董卓进京后，他知道不能再藏着了。天下动荡，危机四伏，一个弄不好，就可能会搭上前途，甚至是小命。在这个节骨眼上，最好的办法是——不动声色地靠上一棵大树。这样既可以保全自己，又不至于太过显眼。

他的做法堪称神来之笔——当朝廷官员纷纷站队，或投靠董卓，或与董卓对着干时，他打了一个擦边球，投奔到牛辅军中。牛辅是董卓的女婿，在陕西屯兵，虽是董卓亲信，却没有离董卓太近。而他是牛辅的人，和董卓之间，又隔着一层关系。

这一招用得非常巧妙，有很大概率能保全自己。

然后，又没有然后了。董卓把持朝政时，贾诩就安安分分在牛辅军中做一个讨虏校尉，一肚子智谋竟半点也没有外露。这段时间，他几乎没有什么作用。直到 192 年，董卓被王允和吕布“玩”死。

这一年，四十五岁的贾诩，又一次亮出了自己的獠牙。

董卓死后，牛辅也被杀了。西凉军陷入群龙无首的境地，乱成了一锅粥。司徒王允想要斩草除根，把董卓的手下全部杀掉。董卓手下有两员大将，李傕和郭汜，两人心中害怕，打算解散军队，各回各家，这样或许能逃命。

贾诩站了出来，连吓带哄，很快就控制住局面。他对李傕和郭汜说：“王允准备杀光你们凉州人，反正横竖是个死，何不召集军队、攻进长安？赢了可以得天下，输了再死也不迟。”

他的这番话，真是为大局着想吗？其实不然。在他看来，这是一个平步青云的绝好机会。赢了，他就是大功臣，从此进入权力中枢；输了也没有关系，前面有李傕和郭汜顶着，他可以随时抽身而退，另谋他处。

他对这件事把控得很高明，已经到了炉火纯青的境地。或者说，他做了一单稳赚不赔的买卖，而且，还让为他卖命的人感恩戴德。

果然，李傕和郭汜听从了他的建议，依计杀回长安，干掉了王允，控制了中央政权。他们感激贾诩的出谋划策，准备封他为侯。

出人意料，贾诩拒绝了。这倒不是他不想享受胜利的果实，而是因为在长安，他又嗅到了危险的气息。在他看来，当局势不明朗时，只有藏好自己，才有机会成就大业，笑到最后。

他又一次，把自己藏了起来。

权变

打击对手最狠的方式是什么？就是捧杀！

德不配位，必有灾殃。

古代有一智者，路过一处未开化的蛮荒之地。

有恶霸冲其撒尿，智者不恼，而是送给恶霸一两银子喝酒。

恶霸大喜，之后有人来必对其撒尿折辱。

一日，路过一将军，恶霸依然效仿之前行径。

将军岂肯受此大辱，结果恶霸身首异处。

见不得别人好是人性，但高明的人，希望别人好，因为只有这样，他才会更安全，才能藏得更隐蔽，才能笑到最后。

第二章

献帝东归

核心竞争力：逆思求异，图得战略之巅

董卓死后，汉朝政局陷入动荡与复杂的权力争夺之中。虽有一时之平静，然诸侯各怀鬼胎，天下风云突变。关中地区，董卓旧部如李傕、郭汜等拥兵自重，内讧不断，致使长安屡遭战火。

京城洛阳则被各方势力觊觎，宦官与外戚相互牵制，帝室威权渐衰，天下大势分崩离析。董卓之死不仅未能带来和平，反而加剧了汉末的战乱与权力争斗，为三国鼎立的局面埋下了伏笔。在此期间，枭雄、豪杰、野心家们的竞争达到了白热化，精彩绝伦的谋略智慧与令人拍案叫绝的权变手段层出不穷……

毛玠

高瞻远瞩，提前布局

独自走在前往兖州的路上，毛玠的心情多少有些复杂。忐忑、忧虑、希望，各种情绪交织在一起，让他的步履有些踉跄。

他停下脚步，整理一下衣帽，用力甩了甩头，又继续往前走去。

这一次，他的脚步有力了一些。他告诉自己，经历过一次错误后，这次的选择定然不会错。那个叫曹操的人，一定会是位明主，能为他提供一个广阔的舞台。

而这个舞台，他已经苦等很多年了。

毛玠的出身并不出彩，家境一般。早年的时候，他竭力向上爬，结果奋斗许久，也只混到县吏的位置。唯一耀眼的地方，是他凭着本身的才华和清廉的作风，在当地闯出了一些名气。在那混乱的时代，这已经算是很不错的成绩了。

只是想要更进一步，太难了！

但毛玠不甘心。他是个有大志向的人，一直想在这乱世有一番作为。不过，他心里非常清楚，想要达成这个目标，选个好主公至关重要。

选谁？

他最先看中的，是虎据荆州的刘表。那个时候，刘表任荆州牧，不仅据地千里，手下兵多将广，而且还是东汉宗室，身份尊贵，是实力最为雄厚的诸侯之一。

另外，他还听人说，刘表很有才干，把荆州一带治理得井井有条。很多名士为了避难，都躲去了荆州，刘表也求贤若渴，热情相待，使得荆州境内人才济济、卧虎藏龙。

这样的明主，正是他想投奔的。不过，他做事一向稳妥，打算再看看，多了解一下这位未来的领导。毕竟，“择主”可是件大事，领导选得好，胜过十年熬。

然而，还未容他再做考察，事情就发生了变化。中原动荡，战火竟然慢慢烧到了平丘县。还等什么？走吧！他把心一横，果断舍弃官职，只身前往荆州。

毛玠这个人，做事向来老成持重，考虑问题全面。他虽然有了决断，要去荆州投奔刘表，但心里多少有些没底。毕竟在那个年代，一没电话，二没网络，要想真正了解一个没有见过面的人，实在是太难了。他只好跟着逃难的人群，一边向荆州进发，一边沿途打听刘表的消息。

这一打听，还真让他打听出一些不一样的东西来。

他听到有人说，刘表这个人，虽然礼贤下士，但总喜欢夸夸其谈，成不了大事。

还有人说，刘表目光短浅，只能看到荆州，却看不到天下。

这些话听得多了，他的心不免有些动摇：这个刘表，真不值得追随吗？

那天，他遇到一位从荆州过来的老兵，便又上前打听刘表的情况。老兵在明白他的用意后，摇摇头说："去别的地方看看吧，或许能遇到明主！"他顿时明白，刘表这个人，不值得辅佐。

他心里的那团火，像是突然被大雨浇熄，滋滋升腾起阵阵白烟。目标消失，他像泄了气的皮球一样，坐在小道旁边的草地上，再也懒得挪动一下脚步。但在心里，他一直在思考一个问题：究竟应该去投奔谁？

终于，一个名字在他心头浮现：曹操。

关于曹操，毛玠早有耳闻。他知道曹操这个人聪明绝顶，胸怀大志，而且敢作敢为。当年董卓入京把持朝政，曹操不愿意和对方合作，于是改名换姓逃往陈留。然后，他竟然散尽家财，招募义兵，拉起了讨伐董卓的大旗。

只这一件事，毛玠就对曹操佩服得五体投地。

他原本也有过投奔曹操的想法，只是那个时候，他更看好家大业大的刘表一些。现在，他才忽然发现，原来这两人根本不在一条水平线上。相比于曹操的“不拘一格录用人才”，刘表的“目光短浅、夸夸其谈”，就成了一个笑话。

他终于下定决心，前往鲁阳。

这一刻，毛玠独到的看人眼光彰显无遗。通过多方了解、全面剖析，他终于敲定了自己心中理想的明主。

几天之后，毛玠风尘仆仆地赶到鲁阳，见到了曹操。

曹操虽然喜欢人才，却不会像刘表那样来者不拒。他和毛玠聊了一会儿，就知道这个人极有才干，可以重用。于是，他立即任命毛玠为“治中从事”。他从一开始，就给了毛玠很大的信任。

毛玠自然也明白，这是自己苦等多年的时机。但是，能不能抓住这个机会，还得看他的“表演”。至于怎样表演，他心里早就有了安排。

他找到曹操，送出了自己的第一份“大礼”。

他告诉曹操：“要成就大事，首先要有理想抱负，有长远打算。现在，袁绍、刘表虽然手下谋士多、兵将广、百姓众，但他们都无远大抱负，不是建立基业的人。所以，他们不足为虑。另外，要想成就大业，还须师出有名、占据道义优势。所以您应该尊奉天子，向那些不守臣道的人发号施令。”

“夫兵义者胜，守位以财，宜奉天子以令不臣，修耕植，畜军资，如此则霸王之业可成也。”

——《三国志 · 毛玠传》

这套“奉天子以令不臣”的提议，曹操听得两眼放光，他立刻意识到，这是一步绝佳好棋，只要能顺利施展下去，奉迎天子只会百利而无一害。

毛玠看到曹操眼睛里闪烁着明亮的光芒时，他笑了。他知道，这一步棋，自己终究是走对了——曹操能掌握天下大势，那么自己就能顺势腾飞。

权变

未雨绸缪不是未卜先知，正因为拿不准局势，才要提前布局。

成事的一个重要思维，是学会烧冷灶、布闲子。

公司有位领导降职了，所有人都与他疏远，只有小王例外，人情往来不中断，各种问候照常发，节日礼物照常送。

没过多久，领导官复原职，小王因雪中送炭被破格提拔。

大家都说小王掌握了内部消息，但小王只是习惯了烧冷灶。

不愿意付出额外的成本，就不会有额外的收获。

冷灶烧多了，闲子布对了，等时机到了，他们就能帮你完成绝杀。

曹操

胸怀大志，腹有良谋

当得到献帝在各地招揽诸侯的消息时，曹操有些生气。因为这个名单里面，没有他的名字。

怎么，难道我曹操没有资格？难道我兖州兵马还不够强大？

这个时候的曹操，的确有“生气”的资本。

曹操这些年接连干了不少大事，比如初平三年（192 年），他“设奇伏，昼夜会战”，击败青州黄巾军，得到降兵三十多万、人口一百多万，实力大增。再比如初平四年（193 年），他在匡亭大败袁术、黑山军、南匈奴，让他们惶惶如丧家之犬。还有兴平二年（195 年），他一鼓作气，战败不可一世的吕布，破了定陶、雍丘等地，彻底搞定了兖州。也是在这一年，献帝正式拜曹操为兖州牧。

一个又一个胜利加起来，让他终于在这乱世有了一席立足之地，也有了争夺天下的资本。每每想到这些，曹操都会有些自豪，有些骄傲和得意。毕竟，他的起步艰难，既不像刘表、刘焉那样，有宗室后裔的身份加持，也不像袁绍、袁术那样，有强大的家族资源做支撑。

他能一步一步做大做强，凭的只有自己昂扬的斗志，以及深远的眼光。

想到这些，他不禁热血上涌，大声叹道：“所谓英雄，必定胸怀大志，腹有良谋，有包藏宇宙之机，有吞吐天地之志。而我，定要做那个英雄！”

可现在，他竟然被人轻视了。献帝四处找人为己所用，竟然没有想到自己，怎么，难道自己比不过袁绍、公孙瓒、刘表那些人吗？

曹操心里很不爽。不过很快，这些阴霾就一扫而光了。

因为，他笃定那些人不会轻易接受。

这些年，局势变化太快。先是王允、吕布在长安干掉董卓，随后董卓旧部展开反攻，弄死王允，逼走吕布。然后，凉州军阀又发生严重内讧，互相攻伐，打得热火朝天。这种情况下，献帝今天被这家军阀控制，明天被那家军阀控制，彻彻底底成了傀儡皇帝。

皇帝都成摆设了，那天下这块大肥肉，还不是谁有能力谁吃？因此，曹操断定，献帝伸出的“橄榄枝”必定无人响应。

果不其然。

袁绍、刘表等人都找借口推辞了。袁绍倒是有些想法，却没有下文。献帝最想招揽吕布，因为吕布杀了董卓，天然能给他带来一些安全感，吕布却回复献帝说，“军无畜积，不能自致”。意思是说，我现在刚打败仗，自身都难保了！

吕布不愿意，可打败吕布的曹操却有自己的想法。

曹操觉得，如果能在献帝招揽不到人的时候，借机迎回献帝，对自己也许是个机会。

不过，他的这种想法，却遭到一些谋臣的反对。他们认为如果控制皇帝，虽然能落下护驾有功的名声，也能掌控一定的权力，但不利的地方更多。比如，把皇帝接来，如何和谐相处？一个是皇帝，一个是将军，到底该听谁的？弄不好，还会偷鸡不成蚀把米。

谋士们七嘴八舌一顿输出，曹操又有些犹豫了——他们说的，似乎也有些道理啊。

到底要不要迎回献帝？

这个时候，人群里有人站了出来，只用几句话，就坚定了曹操的决心。

那人说：“这些军阀中，刘表和袁绍两人的地盘最多、实力最强，其他人不足为虑。但他们两个人，对时局没有做出长远考虑，目光短浅，早晚必败！”

曹操听完，点了点头，表示赞同。

那人又说：“用兵之事，合乎正义的才能取胜，保守权位需要财力。因此，我们应当拥戴天子，以命令那些不肯臣服的人，同时致力于耕植，积蓄军用物资。这样，称霸大业就可以成功了。”

这一番话，让曹操喜笑颜开。他一拍大腿，走到那人跟前，握着他的手，说：“你这一番话，真是说到我心里去了啊！”

这个人，正是曹操身边的谋士毛玠。他为曹操提出的“奉天子以令不臣”和“修耕植，畜军资”两条方针，可以说是高瞻远瞩，立意深刻。“奉天子以令不臣”可以占据道义上的制高点，虽然这个时候汉室朝廷的威严不复从前，但天子的名义在一定程度上，还是具有很强号召力的。而“修耕植，畜军资”，则可以从根本上解决打仗最重要的粮草和兵员问题。

曹操这个人，一向做事果断。听了毛玠的分析，他立刻意识到，这件事一定要做，而且还只能早不能晚。开玩笑，万一其他军阀忽然醒悟，也想迎回献帝，那自己不就太被动了？

想到这里，曹操立即着手准备迎回献帝。

196 年，也就是建安元年，曹操亲自带队，迎接献帝到自己的根据地。看着街道两边齐刷刷跪下的朝廷官员和百姓，那一刻，他豪情万丈。

他们现在跪拜的是皇帝，但何尝不是我曹操呢？

权变

想让自己更有分量，就要学会借力，背靠大树，师出有名。

你刚被提拔，作为空降领导发号施令，别人不听怎么办？
这时，就有必要扯虎皮做大旗，搬出提拔你的势力和背景来进行压制。
不要怕别人瞧不起，背地里嚼舌根。
等你把自己的威信确立下来，没人再敢挑刺！

你可以不会挟天子以令诸侯，但一定要懂得拿着鸡毛当令箭！

荀彧

曲线救国，深谋远虑

荀彧虽然是曹操的谋士，却一直在等个机会，一个匡扶汉室的机会。

这个机会，他已经等了许多年。

实际上，在几年前，他曾遇到一个“机会”。但那个“机会”如昙花一现，匆匆而过，他没有能力抓住。

那是永汉元年（189 年），他刚步入仕途，成为皇帝身边的守宫令。虽然职位不高，但他还是很高兴，因为不是谁都有机会掌管皇帝的笔、墨、纸张等物品的。

更何况，这个职位离皇帝很近，也许很快就可以获得皇帝的青睐，为国出力。

只可惜，理想很丰满，现实很骨感。

荀彧入职还不到一年，董卓就带兵来了，东汉王朝迎来了至暗时刻。董卓这个人，野心很大，也很有手段，他废少帝刘辩，另立献帝刘协，自封为相国，“赞拜不名”“剑履上殿”，完全把持了朝政。

这样的行为，狠狠冲击了荀彧忠君爱国的三观，他敏锐地预感到，这个王朝将会迎来一场巨变，而自己必须提前做好准备。虽然还是“职场菜鸟”，但他做起事来一点也不“菜”。

他果断辞官回到家乡，开启了自己的“避祸之旅”。

荀彧的老家颍川，自秦设郡以来，一直人口众多、繁华热闹。但越是这样的地方，越容易发生战乱。他知道家乡不能待了，就劝乡亲们说：“颍川，四战之地也，天下有变，常为兵冲，宜亟去之，无久留。”

乡亲们不愿背井离乡，没办法，他只好带着宗族，到冀州投奔老乡冀州牧韩馥。

只可惜，刚到冀州，冀州已被袁绍所得，他“被迫”成了袁绍的人。

袁绍听说他很有才干，极力拉拢，奉他为上宾。当时，颍川士族大多投奔了袁绍，他如果愿意，也一定会得到重用。

可他不愿意。

荀彧做事沉稳，看人也极准。相处一段时间后，他就敏锐地发现，袁绍只是个平庸的领袖，能聚集人才，却不会使用。这样的人，必然难成大事。

“且绍，布衣之雄耳，能聚人而不能用。”

——《三国志 · 武帝纪》

那怎么办？离开。

当荀彧的弟弟和老乡挽留他一起为袁绍效力时，他果断拒绝了。袁绍亲自挽留他，他也含笑婉拒。他是个有大志向的人，不愿意将汉室的未来和家族的兴衰押在一个没有希望的人身上。

在他心中，曹操才是最理想的追随人选。因为，大名士何颙曾评价曹操说：“汉家将亡，安天下者必此人也。”

荀彧这个人，做事一向谨慎。他虽然听说曹操不错，但还是不放心，于是决心亲自去看看。就这样，他拖家带口投奔了曹操。而曹操也没有让他失望，第一次见面，就拉着他的手，激动地说：“吾之子房也。”

曹操的看重，更让荀彧坚定了自己的目标——全心全意辅佐曹操，共同兴复汉室。曹操问他如何对付董卓时，他建议曹操向东发展，不用去管其他，因为董卓会自取灭亡——“卓暴虐已甚，必以乱终，无能为也”。

果然，没过多久，董卓就被吕布干掉了。而曹操听了他的建议，老老实实向东发展，迅速占据兖州，有了自己的立足之地。这样的眼光，堪比“神算子”，这样的智慧，也绝不输张良。

而这一次，在要不要奉迎皇帝的问题上，曹营内部发生了争执。多数人都认为，献帝不仅没有用，而且还是个烫手山芋，反对迎回。一群人议来议去，曹操一时也拿不定主意。

这个时候，毛玠站出来，提出要迎回献帝，“奉天子以令不臣”。

荀彧一听，心想：这不正是我想说的嘛！

于是，他立即站出来，表示支持毛玠的意见。他说：“现在天子蒙难，百姓忧愁，如果奉主上以从民望，这是大顺；秉至公以服天下英雄，这是大略；扶持大义以招引天下俊杰，这是大德。我们必须早做决断，以免被人抢了先机。”

“诚因此时，奉主上以从民望，大顺也；秉至公以服雄杰，大略也；扶弘义以致英俊，大德也。”

——《三国志 · 荀彧传》

这一番话，说得合情合理，让曹操动容。

虽然和毛玠的观点一致，可荀彧明显对汉室的感情更深一些，是站在大义的立场上去说的。但无论于公还是于私，这一步棋都精妙绝伦，他对人性及谋略的把控，无比高明。

曹操看着他和毛玠，点了点头，微微一笑，决定迎回天子。

对于荀彧来说，这是难忘的一天。因为，汉室的命运，或许会因此而改变。夕阳西下，望着天边那一抹红色，两行热泪，顺着他的脸颊滚滚而下。

权变

所有白手起家者的核心做事思维，都离不开一个“借”字。

自己想创业，但没资本，最好的办法就是借。

自己想成事，但没资源，最好的办法还是借。

有一个女人，在大街上直播免费擦鞋。

她不直接靠擦鞋赚钱，而是靠擦鞋赚流量。

有了流量之后在直播间挂上皮鞋、鞋油、擦鞋工具等，一个小时就卖了6000+单，比擦鞋赚钱多了，这就是借势赚钱。

她借了短视频的势，借了直播风口的势。

会借势抓机会的人，可能会暂时落魄，但绝不会永远平庸。

程昱

审时度势，善处危局

当曹操最终下定决心，要迎接献帝到许昌时，毛玠和荀彧同时松了口气。

程昱也松了口气。虽然当大家为“迎”或“不迎”争得面红耳赤时，他没有率先劝曹操迎天子，但会议结束后他干了一件实在事——请毛玠和荀彧喝酒。

饭饱酒酣，程昱才红着脸说：“今天的事，两位干得好！”

三人同时举杯，哈哈大笑起来。荀彧打趣他说：“你啊，又慢了一点。”

程昱就是这样，做什么事都有点“慢”，但胜在稳重。

成名之前，程昱一直待在老家东阿，慢慢悠悠，不急不躁，一待就是四十多年。眼看着快要到“知天命”的年纪，换了常人，年轻时的雄心壮志恐怕早就被岁月磨光了。他却不同，从来没有放弃对未来的希望，一直静静地等待机会。

184年，黄巾起义爆发，黄巾军到处杀人，很快就波及东阿。当时，东阿县丞王度听说起义军来了，响应黄巾军，烧毁了仓库。

不仅县丞投了黄巾军，县令也跳城墙而跑，见此情形老百姓们更害怕，也一窝蜂地涌出城，往山上去了。这个时候，整个县城乱成一锅粥。

危急时刻，程昱站了出来。他镇定自若，一边派人去打探王度的虚实，一边让手下人把城外的老百姓召集起来，安抚他们说：“大家不要慌乱，贼人的目的是抢夺财物，不是攻城。我们东阿城，城墙高厚，城内富足，如果大家能一起坚守，就可以打败贼人。”

他虽然说得有理，可老百姓们心里害怕，谁也不敢拿命做赌注，于是该跑的跑、该藏的藏，依旧乱成一团。

换成其他人遇到这种情况，早就没有主意了，可程昱依旧镇定。他知道，这种情况下，“劝”不如“吓”，只有让老百姓们切切实实地感到害怕，感到只有拿起武器反抗才有活路，他们才会听从自己的安排。于是，他让人假扮黄巾军举着幡旗在城外出没，还故意让老百姓看到。这一下，老百姓们惊骇欲死，知道跑不掉了，只得老老实实回城同程昱一起守城。

而事情果然如他预料的那样，王度等人来攻东阿城，见久攻不下，不愿意多耽误时间，就到别处去了，东阿城由此保全。程昱善处危局，做事稳重，由此可见一斑。

这件事之后，四十多岁的程昱一下子出名了，成了“香饽饽”，许多大佬争着抢着想要。有才能的人谁不想要啊？其中，争得最起劲的，当属兖州刺史刘岱。刘岱下了一道命令：听说你很有才干，来我这里当官！

可程昱“头铁”得很，说什么也不同意。原因是，他早就看出来了，刘岱这人虽然现在混得不错，但没什么大志向，将来不会有什么大作为。可问题是，刘岱是兖州之主，自己还在兖州地界上混，直接拒绝不好吧？

这也难不倒程昱，他采取了一种“让你用，但不跟你混”的策略。简单来说就是，他同意帮刘岱出出主意，但不在刘岱的公司里挂职。这也显示了他老辣的做事风格，吊着刘岱，既不得罪，也不归附。

他还真帮着刘岱出了个好主意：当时，刘岱与袁绍、公孙瓒三人关系很好。后来袁绍与公孙瓒不和，两人打起来，而且都想拉拢刘岱。刘岱夹在中间，十分为难，不知道该靠向谁，于是就向程昱请教。

程昱对他说：“这还有啥考虑的呢？袁绍离得近，公孙瓒离得远。就像遇到儿童溺水，你应该向近处求助，还是向远处求助呢？更何况，公孙瓒不是袁绍的对手，早晚要败给袁绍。”

刘岱听了他的建议，正打算向袁绍靠拢，就听到公孙瓒被袁绍打败的消息。这下子，他对程昱更佩服了，立即许以高官厚禄。可是，程昱想都没想，又拒绝了。

程昱的想法很简单：你不是我想跟的明主，就别来凑热闹了。

果不其然，没过多久，刘岱就被黄巾军所杀。兖州易主，曹操走马上任。

曹操一到任上，也像刘岱一样，向程昱抛来了橄榄枝。当大家都以为，程昱会同样拒绝时，没想到，他却二话不说，痛痛快快地接受了。

朋友问他，为什么前后差别这么大？他却笑而不答。只有他自己心里明白：曹操，就是自己等待已久的明主。在“择主”这件事上，他也极为慎重，绝不降低标准。

一个高明的谋士，在遇到明主后，往往会迸发出强大的力量。程昱追随曹操不久，就替曹操解决了一个天大的难题。而这个难题，直接奠定了他和曹操未来多年的和谐关系的基础。

当时曹操带兵讨伐徐州，让程昱和荀彧留守大后方，镇守鄄城。曹操把主要兵力都带走了，想要尽快搞定徐州，却不承想此举竟致使兖州内部空虚。在这个节骨眼上，吕布瞅准时机，与张邈、陈宫两个人悄悄合作，准备里应外合，夺取兖州。

实际上，这件事基本上十拿九稳了。吕布等人一牵头，兖州各郡县纷纷反叛，只剩下鄄城、范县、东阿三城在曹操手里。而且这三城，除了鄄城外，其他两城也摇摇欲坠。情况万分紧急，一个弄不好，曹操连“老窝”都没有了。

都要火烧眉毛了，程昱还是不急不躁。他看了看荀彧，荀彧也看了看他，两人同时叹了口气。程昱说：“我去说服他们。”说着与老友辞别，开启了艰难的“守城”之旅。

程昱做事老练，口才也很好。他马不停蹄地赶往范县、东阿，先向范县的县令陈说其中的利害，告诉他吕布只有匹夫之勇，而陈宫等人卖主求荣，也不会善待大家。为了让其信服，他甚至喊出了"曹使君智略不世出，殆天所授"的口号。搞定范县后，程昱又急急赶往东阿。他清楚这个时候守城人想要什么，害怕什么，把每一项都说到了他们心里。

程昱通过努力，终于稳定了军心，守住了三城，等到曹操回归。

曹操回来后，拉着他的手，激动地说："如果不是你出力，我就无家可归了。"

而程昱却微微一笑，恢复了沉稳的本色。

权变

想避免被人驾驭拿捏，就有必要懂一点心术。

伤人的最高境界：否定你的所有想法。

贬低人的最高境界：直接无视你。

激怒人的最高境界：你越缺什么他越炫耀什么。

人生如战场，切记：攻城为下，攻心为上。

张绣

机敏果敢，趋利避害

对于张绣来说，什么最重要？自然是活着，好好活着。

身处乱世，只有活着，才有机会去考虑其他。至于什么忠诚、信义，在他那里，通通没有活着重要。所以，他一直在为活着而努力。

而他的这种想法，始于叔叔张济之死。

张济是董卓的部将，武力值“爆表”。初平二年（191 年），张济奉牛辅之命，同李傕与郭汜一起，率领精兵与朱儁交战，打得朱儁溃不成军。得胜之后，大军进入陈留、颍川等地劫掠，杀得人心惶惶。而张济在那一战中，也打出了赫赫威名。

董卓被吕布、王允等人除掉后，牛辅也死在了动乱中。张济原本想和李傕、郭汜一起，解散部队回家乡，但架不住贾诩忽悠，又起了争夺天下的念头。他们结成同盟，率军攻破长安，弄死王允，控制了献帝。当然，目的也确实达到了，几个人“功成名就”，张济当了骠骑将军，被封平阳侯。

在这一连串的变故中，张绣一直跟着张济，而且被张济保护得很好。因此在这段时期，武艺高强、精通“百鸟朝凤枪”的张绣，一直没有什么名气。他什么都不用操心，只需要跟着叔叔的脚步，就能在乱世中生活得很好。

可惜，张济死了。建安元年（196 年），张济因为军中缺粮，于是打起了荆州刘表的主意。他带兵在荆州四处掠夺，攻打南阳郡的穰城时，中流箭而死。他死以后，张绣顺埋成章接了叔叔的班，成为这股势力的老大。

张绣接了叔叔的班，应该为叔叔报仇吗？应该。

那他报仇了吗？没有。

接班之后，张绣很快就干了一件很牛的事。他不仅没有向刘表报仇，反而与刘表结盟。他为什么要这么做？因为这个时候，刘表是最好的选择——刘表地盘大、兵将广、粮食多，而张绣需要这些。他做人做事，慢慢趋于成熟。

至少，情感因素已经不能桎梏他，他机敏果敢，趋利避害。

果然，成为一方领袖后，张绣把“趋利避害”这几个字用到了极致。

建安二年（197 年），他又干了一件出人意料的事。

张绣驻扎在宛城，曹操很不放心，怕自己与袁氏开战时，有人在背后捅刀子。因此，他决定先下手为强，率兵先灭了张绣。

张绣见曹操气势汹汹而来，实力强大，马上投降了。在他看来，跟着刘表干是寻求一块栖身之地，跟着曹操干也一样。更何况，曹操的整体实力要比刘表更强一些。他当然不是软骨头，而是认为没必要与曹操硬拼。

曹操收服张绣，志得意满，原本想庆祝一下，可一高兴，竟然也犯错了。手下人听说张绣的婶婶生得美丽动人，就自作主张把她抢来送给了曹操。这一下，张绣和曹操的“梁子”算是结下了。

张绣这个人，习惯了隐忍，原本想忍一忍，让这事过去算了。

曹操不放心，打算先下手为强，除掉这个“定时炸弹”。可他却不知道，张绣除了武艺高强外，最大的本事就是知道如何“活命”。他还没有计划好，张绣就知晓了他的意图。

此时的张绣显示出了超常的果敢，他突然发动袭击——反了。曹军猝不及防，损失惨重，曹操的爱将典韦和爱子曹昂都死在了混乱中。而张绣，则带着一干人马，扬长而去。

他一直明白一个道理：在这乱世，要想好好活着，就必须得靠自己。

权变

敢于正面争锋，固然是大智大勇，但选择明哲保身，亦是高超智慧。

一、做事可以拖拖拉拉、默不作声，但在利益面前要寸步不让。

二、平时要热心肠，但在面临巨大危险时，要学会“走为上”。

三、收敛自己的表现欲，在暗中寻找发展机会。

四、待人要周到，绝不轻易结仇，但也要学会适时拒绝。

孙策

英勇善战，霸王遗风

当孙坚战死的消息传来时，孙策和周瑜正为一个军事问题争得面红耳赤。忽闻噩耗，两人一下子安静下来，谁也没有再说话，只能听到彼此粗重的呼吸声。

过了良久，周瑜伸出手，缓缓拍了拍孙策的肩膀，说："以后，只能靠我们自己了。"

孙策眼睛微红，点了点头。

那一年，孙策刚满十七岁。

十七岁之前，孙策是一只"幼虎"，虽然凶猛异常，却一直生活在父亲的呵护下，不显山也不露水。但其实很早时，他就具备了非凡的才能和胆识。那几年，孙坚带兵打仗在外，他四处结交名士，渐渐积攒了一定的人气，周瑜就是那时找到他，与他结成朋友的。

可是现在，一直呵护他的"猛虎"不在了，而他年龄尚小、羽翼未丰，能在这乱世活下去，甚至成就一番事业吗？别人也许很难，但他可以。

192 年，孙策将父亲的灵柩安葬，然后心无旁骛地开始了自己的创业之路。他做的第一件事，目光就极为深远——借守孝之名，行养兵之实。

没错，他在家为父亲守孝，麻痹了外界无数虎视眈眈的势力。实际上呢，他在守孝的同时，也在整顿父亲遗留下来的势力，暗中招贤纳士，慢慢积蓄力量。猛虎不出则已，一出必定惊天动地。

守孝期满，孙策也羽翼渐丰。他怀揣满腔热血，带着一小股人马到达寿春，投奔了父亲的老领导袁术。在他看来，父亲曾与袁术一起打天下，自己也应继承父亲遗志，从袁术那里开始自己的征战之路。

他向袁术恳求："先君曾与使君共赴国难，如今遗志未酬，我愿继承父辈之盟，但愿使君鉴我赤诚。"虽然年轻，但他处理事情已经非常老辣——为了让袁术放心，他甚至把自己家当年拿到的传国玉玺送给了袁术。

先打感情牌，再以利诱之，他以为这样双管齐下，袁术必定能将父亲的旧部还给自己，而自己也能趁机做出一番事业。可是，他却忽略了袁术的度量。

袁术能成为一方大佬，自然有过人的识人能力，他一见到孙策，就看出这小子不简单，外表俊朗，看似柔弱，胸中却藏有凌云壮志。他当然不能放任这样一只猛虎慢慢长大，但也舍不得放弃这样一个优秀的“打手”，于是便用上了很多老板惯用的必杀技“画大饼”——你好好帮我打工，我以后不会亏待你的。

就这样，孙策成了袁术的免费劳动力。在最开始那段时间里，他冲锋陷阵，奋勇杀敌，帮袁术打了不少胜仗，可什么好处也没有捞着。他看出了袁术的险恶用心，便一次又一次向袁术讨要先父旧部。

袁术被追急了，只得想个办法，让他远离自己：“我已经任命你的舅舅吴景为丹杨（丹阳）太守，你的堂兄孙贲为都尉。丹阳是个出精兵的好地方啊，你可以去投奔他们，在那里招兵买马。”

> 孤始用贵舅为丹杨太守，贤从伯阳为都尉，彼精兵之地，可还依召募。
>
> ——《三国志·孙策传》

这正合孙策的心意。其实他早就料到，袁术不会轻易妥协，因此故意三番五次前去索要旧部，为的就是得到这样一个“单飞”的机会。无数次的战场磨砺，使他变得更为睿智，他清楚地认识到，只有慢慢摆脱袁术的束缚，自己才能飞得更远。

来到丹阳后，舞台果然不同。他协助舅舅打了不少胜仗，还很快招募到数百精兵，慢慢积蓄了一定的力量。但对他来说，这还太慢。

一年之后，孙策带着新招募的数百精兵，再次找到袁术，向对方讨要父亲的旧部。袁术见实在找不到推脱的借口，这才勉强同意将孙坚旧部数千精兵中的一千多人归还。但并不是免费归还，他想让孙策带着这些精兵，继续为自己卖命。

人在屋檐下，不得不低头。孙策虽然不情愿，但不得不打起精神，继续为袁术东征西讨。当然，他自己也在心里盘算——多挣军功，换来更高的地位。只有这样，才能以最快速度爬上高位，实现自己的抱负。

在战火的磨砺下，在权谋的斗争中，他越来越成熟，做事也越来越老到，孙坚的很多老部下开始对他心悦诚服。

有一次，他部下有一个骑兵，犯罪后害怕受到惩罚，逃进了袁术的军营。他派人追捕，竟然直接闯到袁术营中，将罪犯搜了出来，就地斩首。事情结束后，他放低姿态，找到袁术赔礼请罪，弄得袁术很无语——你杀都杀了，而且有理有据，有什么可请罪的呢？但这件事后，军中士兵对他更加敬畏了。

袁术见孙策越来越强大，对他的戒备之心更强了。他开了很多“空头支票”，却从来没有兑现过。比如，他曾许诺让孙策任九江太守，可到最后却改用自己的亲信陈纪。他又派孙策去攻打庐江太守陆康，许诺打下来之后，让孙策做庐江太守，可最后也食言了。

这一系列“操作”让孙策摆脱袁术的心越来越坚定。他清醒地认识到，袁术只会拖后腿，对自己创业不会有任何帮助。可是，怎么摆脱袁术呢？

这时候的孙策，早已从青涩少年成长为一个城府颇深的年轻将领。他虽然极想离开，但表面却不动声色，一直在暗中寻找机会。

机会这东西，只要用心寻找，就一定会有的。

兴平元年（194年），汉献帝派刘繇担任扬州刺史，扬州过去的治所是寿春，而寿春却是袁术的地盘。刘繇没有办法，就渡江去曲阿，在曲阿设立了治所。眼见袁术的势力越来越大，刘繇忧心忡忡，就把丹阳守官吴景和孙贲给驱逐了。

这下可惹恼了袁术，立即任命吴景为督军中郎将，让他带着孙贲，攻打刘繇派驻在长江沿岸的几个部下。可吴景和孙贲不争气，打了一年多，也没有打下来。

孙策一看，这不正是机会嘛！于是，他主动跑到袁术那里请命，说自己愿意帮助舅舅平定横江津。同时，他还给袁术抛了一个极具诱惑的“饵”——平定横江津后，我们再召集三万精兵，辅佐您匡扶汉室。

> “家有旧恩在东，愿助舅讨横江；横江拔，因投本土召募，可得三万兵，以佐明使君匡济汉室。”
>
> ——《三国志·孙策传》

袁术听到“三万精兵”，非常心动。而且，他心里也觉得，孙策大概率是打不过刘繇的，于是暂时把对孙策的忌惮放在一边，顺水推舟就同意了。可是，他却不知道，猛虎一旦归山，就再难回来了。

那天晚上，孙策终于走出了寿春城。他策马站在山坡上，回头望向坚固高大的城墙，以及自己身后那一千多名士兵、几十匹战马，心中豪气干云——

“江东，我孙策回来了！”

权变

古代一个富商准备开垦荒山，植树做木材生意。

他招揽当地村民帮工，但村民懒散，工程迟迟没有推进。

富商心急如焚，管家给他出了个主意，富商闻言大喜过望。

传言有人在山上挖出了金子。

这下好了，不光当地村民，十里八乡的村民都被吸引过来。

他们各带工具挖山掘金，没用几天，荒山便被开垦完毕。

这时，富商出场，他带人截住几个领头的，要拉他们去官府。

理由是，他们违律挖掘私人产业。

众人百般求饶，答应平整好土地，并植上树木，只求对方不要报官。

没过多久，荒山变绿山，村民还赞美富商帮当地做了好事。

因利诱之，才能无往不利。

刘备

折而不挠，终不为下

曹操迎接汉献帝到许昌，奉天子以令不臣，大权在握、志得意满时，刘备迎来了自己人生的至暗时刻。

这一年刘备三十五岁，刚被曹操表为镇东将军，封为宜城亭侯。人生看似风光无限，实际上却极惨，事业、家庭双双遭遇“滑铁卢”。

刘备接管徐州后不久，袁术就率领大军进攻徐州。没办法，他只得引兵迎击，两军在盱眙、淮阴相持。可这边仗还没打呢，另一边就出问题了——之前投奔他的吕布忽然反水，迅速夺取下邳，还趁机抓了他的老婆和孩子。

他惊怒交加，只好撤军，可走到半路上，又被袁术袭击，损兵折将。

“赔了夫人又折兵”，是他这时最真实的情况，而且，他连地盘也丢了。面对种种困境，刘备表现出相当老到的处事手段——他竟然屈尊与吕布求和，只为谋求一块栖息之地。吕布同意了他的求和，让他驻扎在小沛，同时把他的老婆和孩子送回。

这简直是奇耻大辱！要知道，一年前吕布被曹操打败，跑来投奔他时，他给对方安排的驻扎地正是小沛。风水轮流转，现在转到他身上了。

但是，他只能忍。在他看来，能屈能伸才是大丈夫所为。

实际上，刘备的前半生，一直在“忍”中度过。

黄巾起义爆发时，他二十岁出头，正是热血沸腾的年纪，于是在涿县组织了一支义军，带着关羽和张飞大杀四方。因为打仗勇猛，立了不少军功，他被朝廷封为安喜县尉。原以为可以从此混迹官场，没想到不久朝廷裁减以军功为官的人，他不幸上了“裁员”名单。为了保住这份工作，他去求见负责“裁员”工作的督邮，督邮却装病不见。

刘备大怒，找到督邮，将对方鞭打了百余下，然后弃官，与关羽、张飞一起逃了。那是他第一次冲动行事，代价是成了朝廷“罪犯”。从此以后，他就告诫自己，凡事能忍则忍，要以大局为重。但遗憾的是，他的运气总是差那么一点点。他带着关羽、张飞，屡次参加朝廷平叛的行动，因为力战有功，先后被任命为下密县丞、高唐县令。可每到一个地方，他都干不太久，不是能力不行，而是身处乱世，变数太多。

就这样，他一直在外面漂泊，居无定所。漂泊得越久，他越是意识到自己力量太弱，越想尽快找到一处栖身之地。但这太难了，直到遇见老同学公孙瓒。

191 年，刘备投奔公孙瓒。这位老同学很厚道，至少对刘备不错，任命他为别部司马，派他领兵与袁绍对抗。而他对公孙瓒也很感激，尽心尽力辅佐，打了不少胜仗。尽管如此，他还是明智地藏起了自己的锋芒——只把自己定位为公孙瓒的下属，安安分分为老板打天下。

这些“隐忍”让他成功赢得了公孙瓒的信任，也获得了不少帮助。他在公孙瓒手下打了几年工，不仅有了自己的创业班底，积攒了不少管理经验，还慢慢有了一定的名气。

在颠沛流离中，刘备发现，要想在乱世立足，吸引更多有才能的人投靠自己，必须得有较大的名气。名气从哪里来呢？他仅用两招，就化解了自己“无名之辈”的危机：一是给自己弄了一个显赫的身份——“中山靖王刘胜之后，献帝之叔叔”，这可是响当当的汉室皇裔，天下豪杰谁不尊敬？二是给自己打造了一个贤名，礼贤下士，爱民如子。

在平原县当县令时，郡民刘平不服他的管理，暗中唆使刺客前去暗杀。刘备毫不知情，还对刺客十分礼遇，刺客深受感动，不忍心杀害他，便说出了实情。这件事传出去后，他的贤名更加远播。

在公孙瓒那里积累了一定的资源后，刘备意识到，自己不能再这样寄居人下了，于是便打算寻找机会自立门户。

机会还真来了。兴平元年（194 年），曹操以为父报仇的名义，攻打徐州。徐州牧陶谦打不过曹操，就向公孙瓒手下的青州刺史田楷求救。刘备趁机和田楷一起，带着自己的嫡系一千多人马前往徐州救援。半路上，他还“捡”了数千饥民。而到了徐州之后，陶谦又给他增了四千丹阳精兵。就这样，他手里的人马逐渐壮大起来。

这一年，陶谦生病去世，而刘备则占据徐州，成为徐州牧。

颠沛半生，直到此时，他才终于有了属于自己的地盘。那一晚，他拉着关羽、张飞两位兄弟，喝得酩酊大醉，畅想着美好的未来。

可现在，还没在徐州站稳脚跟，地盘又被吕布夺走了，这让他情何以堪？他带着残兵，驻扎在小沛，着实消沉了几天。但几天后，他就又振作了起来——一个追求成功的人，一定要经得起失败的打击，不会受制于一时的困境。

他重整旗鼓，开始在小沛招兵买马，而且很快就招募了一支一万多人的军队。

吕布自然不能容忍他东山再起，于是果断率军进攻。一场厮杀下来，刘备被杀得溃不成军，他又一次败了。怎么办？他果断带着残兵败将，投奔了曾经的老对手曹操。

在他看来，忍辱负重也好，委曲求全也罢，都不过是个人感受，一个卓越的领导者，一定要能放下自己所谓的面子，能屈能伸，以大局为重。

但遗憾的是，投奔曹操后，胜利的天平也没有向他倾斜。曹操给他提供兵马，让他重新回到小沛，再次出任豫州牧。吕布听说他来了，派兵攻打，虽然曹操及时派来夏侯惇救援，但终究战力不行，小沛城破，他的老婆孩子又一次成为俘虏。而他自己，再一次狼狈逃跑。

直到建安三年（198 年）九月，他跟随曹操攻打吕布，才最终打败吕布，报仇雪恨。可是这个时候，他还剩下什么呢？

那一天，看着吕布滚落下来的人头，他不禁潸然泪下，不是为吕布哭，而是为了自己……

权变

为什么你待人和善，分配得当，但员工还是不停抱怨，不听指挥？

因为管理者和员工天生对立，而你直面了这种矛盾。

每个单位都会有一个令员工“恨得牙痒痒”的小领导，他脾气臭、能力差，只会谄媚，拿钱不干事。

老板心里自然清楚，但往往选择视而不见。如果没有这样的人，管理一旦出现问题，老板就要直面员工，承接他们的怒火，结果往往会变得一发不可收。

但是有这么一个人在中间，就可以合理调解矛盾。

我们要做好人，但做好管理者，只做好人是没用的。

第三章

徐州风云

守业与奋进：祸水四引，基业当稳

建安五年（200 年）正月，曹操挟天子以令诸侯的计划已成定局，车骑将军董承等企图刺杀曹操的计划泄露，董承、王服、种辑皆被屠灭三族，唯参与密谋的刘备侥幸逃脱，且势力越来越大。曹操欲亲自征讨刘备。本就群雄汇聚的徐州一地，顿时龙腾虎跃，风起云涌。一场场令人拍案叫绝的智谋博弈，开始轮番上演……

吕布

勇猛无双，能屈能伸

兴平二年（195 年），吕布吃了败仗，带着残兵余勇风尘仆仆地直奔徐州而去。

他打算投奔徐州新上任的大佬刘备。在他看来，四周尽是一些豺狼虎豹，刘备虽然也是个厉害角色，但相对于其他军阀，却已然温和得多，也安全得多。

一路上骄阳似火，吕布眉头紧锁，他骑在赤兔马上，盔甲破破烂烂，身上星星点点尽是血迹，身后部将也一个个萎靡不振。很显然，在不久前的那场硬仗中，他吃了大亏。

想到那个让自己吃亏的人，吕布忍不住猛地一勒赤兔马，仰天长叹:“曹操小儿，此恨不共戴天！”

没错，那个让他吃了败仗的人正是曹操。

他恨极了曹操，也恨极了自己。因为，这两年在与曹操的交锋中，他至少有两次机会，可以痛击甚至干掉对方。只可惜因为错误判断，两次机会都白白溜掉了。

第一次机会出现在去年，也就是兴平元年（194 年）。当时曹操举兵攻打陶谦，派将领陈宫驻守东郡。陈宫是个不安分的人，见机会难得，就立劝张邈抓住机会，脱离曹操掌控，自立门户。张邈心动了，决定听从陈宫的意见，趁机反叛。因为怕打不过曹操，两人一合计，又拉来吕布入伙。

吕布很高兴，于是带着兵马，大摇大摆进入兖州，成了兖州牧。虽然地盘扩大，但他心里却很清楚，张邈、陈宫等人请自己来，又白白送上大礼，目的只有一个，那就是对付曹操。对于被人利用这点，他并不介意，因为，他早就想与曹操一较高下了。

很快，吕布就与曹操展开了第一次正面交锋。曹操带兵冲入濮阳，放火点燃东城门，想要决一死战。吕布英勇无敌，带兵打仗也很老成。

他没有选择正面对抗，而是先派骑兵冲击曹军，导致曹军阵势大乱，自己则率领精锐趁势进攻。

他手下的一名骑兵抓到曹操，问他曹操在哪儿，曹操为了活命，谎称前面骑黄马的人就是。于是，他带兵追击“假曹操”，却没承想放跑了真正的曹操。

第二次错失良机是前几天的事，更让他窝火。他与陈宫率领一支部队，悄悄摸到了曹操家门口。好巧不巧，曹操的大部队几乎都外出收麦子去了，营中只有不到一千人。曹操急中生智，让妇人上屯墙守御，士兵们则分散在屯营旁，撤掉防御，装成无所畏惧的样子。吕布见曹军城寨大开，担心曹操使诈，竟然不敢进攻，再次错失了抓住曹操的机会。

机会一旦错过，往往就再难出现了。第二天，吕布再来挑战时，却一不小心掉进圈套，被曹操设下的伏兵杀得大败而归。眼见无力扭转战局，他只好带着所剩无几的兵马，放弃营寨，连夜逃走。

从将胜到惨败，再次经历人生大起大落后，吕布行事变得沉稳起来。他思量再三，最终选择投奔刘备。在他看来，相较于袁绍、袁术等人，刘备更让人放心一些。

见到刘备后，吕布先和刘备拉关系——“我和阁下都是北疆边境的人，是老乡啊。”接着又向刘备表诚意——把刘备让到自己帐中的床上，带着自己的老婆和孩子，恭恭敬敬向刘备行礼。

这一番操作下来，刘备虽然心里还是不喜欢吕布，但碍于面子，也就认了。而吕布则终于在刘备的地盘上，暂时找到了一席栖身之地。只不过，他很不喜欢这种感觉。

他一直觉得自己是当世豪杰，应当建功立业。这种寄人篱下的境遇，让他感觉像是被绑住了手脚，十分痛苦。他想要另觅出路，打破这种局面。

机会终于来了。

建安元年（196 年），袁术率领大军攻打徐州，与刘备相持在盱眙、淮阴。两人你来我往，打了一个多月也没有分出胜负。袁术见强攻难以取胜，就悄悄给吕布写了封信，许以二十万斛大米，让他与自己里应外合，攻打刘备。

为了利益而背弃盟友？别人或许不会，但吕布可以。他一直在等一个机会，而此时袁术送来的“香饵”，就是最好的机会。这一次，他绝不允许自己再错失良机。

吕布再一次展现出老辣的行事风格。下定决心后，他立即行动，率领大军直逼下邳。并趁着张飞和曹豹相争、下邳城内大乱的机会，一举攻下下邳城，俘虏了刘备的老婆和孩子。

刘备被袁术打败，又丢了下邳，走投无路只好投奔吕布。吕布没有为难刘备，还了他的老婆和孩子，让他驻守小沛。一夜之间，地位发生转换，吕布不禁仰天大笑，庆幸自己在乱局之中做出了正确的选择。

吕布的老辣，不仅在于对“人性”的理解，还在于对“大势”的把控。

同年，袁术为了彻底消灭刘备，派大将纪灵率领三万大军，浩浩荡荡向小沛杀来。刘备心中害怕，便向吕布求救。吕布手下的将领劝吕布坐山观虎斗，刚好借袁术的手除掉刘备。可吕布却不同意，说：“袁术如果打败刘备，占据了小沛，就会联合北面太山一带的部队，对我们形成包围之势。我们救刘备，就是在保自己啊。”

于是，吕布率领精锐，火速赶往小沛。

吕布不仅勇猛，而且不是个鲁莽之人。这一次，在与纪灵的对峙中，他又展现出高明的对敌之术——没有浪费一兵一卒，就救下了刘备。他设下酒宴，请纪灵等人喝酒。酒过三巡，他借着酒意，对纪灵等人说:“玄德是我吕布的兄弟，如今他被你们围着，我特意赶过来救援。”

见众人没有反应，他又命人在营门中一百五十步开外的地方，竖起一支戟，说:“诸位看我射戟上的小支，如果一箭射中，请立即停止进攻，离开这里。如果射不中，那你们就留下来，与玄德决一死战。”

说完，他搭箭拉弦，大喊一声:“着!”那支箭“嗖”的一声，不偏不倚，正好射中戟上的小支。这一招“辕门射戟”，把纪灵等人镇住了。他们见吕布英勇，不想与其交战，次日自行撤兵。

吕布一战成名，成为乱世中炙手可热的军阀。实力大增，给了他底气，也膨胀了他的野心。“辕门射戟”后，他接连使出几个昏招，让自己陷入了被动境地:一是拒绝与袁术联姻，并固执地杀掉了袁术的使者韩胤;二是性格多疑，对部将缺少信任;三是错信陈珪、陈登父子，妄图与曹操合作。

为得到更大的地盘，他彻底与刘备撕破脸，出兵攻打小沛。刘备再次大败，无奈只得投奔曹操。而曹操正想对付吕布，这一下，更有了借口与机会。

建安三年（198年），曹操率领大军，将吕布围困在下邳城。吕布想向袁术求救，又担心袁术会因为联姻失败的事不发救兵。陈宫想让吕布带部分兵马驻于城外，自己带剩下的兵马驻守城内，里应外合夹击曹操，也被吕布否了。危难关头，他慢慢失了分寸，变得残暴、多疑，军中上下逐渐离心，失去了斗志。

终于，三个月后，曹操攻破下邳城，活捉了吕布。吕布试图投降，保得性命，但刘备的一句话，却让他失去了最后机会。刘备对曹操说:“明公，你看过吕布是如何侍奉丁原和董太师的吗?”

那一日，夕阳很红。临死前，吕布望着天际的残阳，流下泪来。

这一生，他心有不甘。

权变

有一个你解决不了但又不得不解决的难题摆在你面前，这时你该怎么办？就是把问题搞大。

一旦问题大家都解决不了，那它自然就会被解决了。

有一个人在网上购买一游戏账号，但不久账号被盗回。

他与盗回者协商许久，未果。

因为金额过小，无法立案。

于是他反手在账号中充值一万元，这下事情闹大了，盗回者不光还了游戏账号，还赔了他一笔钱。

为什么一般人很难在社会上混好？

就是因为不敢上纲上线，不敢把事情搞大。

而这，恰恰是摒弃了一种高级的生存智慧。

曹操

借风驶船，顺势而行

听说吕布逃到徐州，曹操的第一反应是捋须大笑。他的笑声很大，似乎想以此来冲淡之前失败带来的耻辱。荀彧有些奇怪，问他为何如此开心。曹操止住笑说：“吕布投奔刘备，接下来，我们有好戏看了！”

作为一名优秀的统帅，曹操了解每个对手，熟知每个对手的脾气、秉性。他知道刘备素来以贤德示人，绝不会将吕布拒之门外。他也知道，吕布勇猛善战，野心极大，但多疑、善变，绝不会一直屈居于刘备之下。这两个人凑在一起，一定会生出矛盾。而到那时，他的机会也就来了。

想到吕布，曹操不由得攥紧了拳头。虽然前段时间，他把吕布杀得大败而逃，但那次之前，他却在吕布手下吃过几次大亏。尤其是收麦时的那场战事，若非他行事精明，用空城计吓退吕布，只怕此刻，自己早就成为吕布的阶下囚了。当时，他把军队几乎都派出去收粮食了，城中只有不到一千名士兵。吕布和陈宫带领大军气势汹汹地杀来时，他虽然可以凭借城池固守，但手底下没有可用的兵将。他知道，自己这点兵马，连吕布大军的一波冲锋都挡不住。怎么办呢？

危急关头，凭借丰富的军事经验，以及对吕布的了解，他唱了一出空城计——将城中妇女赶上屯墙，让士兵分散在屯营旁，装作一副毫不畏惧的架势。军营外，西边是一条大堤，南边是茂密的树林。他知道吕布性格多疑，看到城门大开以及大堤和树林后，一定会有所顾忌。

他在赌，赌吕布会因怕中埋伏而放弃进城。事实证明，他赌对了，吕布引兵撤退。不过那次的经历，却让他对吕布产生了深深的忌惮。此时，得知吕布和刘备走到一起，他的心情反倒是放松了不少。一头猛虎或许难以堤防，但两只猛虎相互猜忌、内斗，就好对付多了。

于是，他把更多的精力用在了收复兖州各城、扩充军队、充盈粮草上。多年的战场磨砺，让他拥有了敏锐的洞察力。他知道，大变局时代要来了。

果然没过多久，局势就发生了惊天变化。

李傕和郭汜在长安火拼，打得热火朝天，一片狼藉。混乱之中，献帝打算从长安东归洛阳，可东归途中李傕和郭汜却紧追不放。为了能顺利东归，献帝只好四处招揽诸侯。可这个时候大家都忙着争夺地盘，无人响应。

而曹操听从了毛玠的建议，“奉天子以令不臣”，亲自跑到洛阳，把献帝这个“烫手山芋”接了回来。

这一年是建安元年（196 年）。时值七月，天气炎热。献帝好不容易逃到洛阳，急急如丧家之犬，惶惶如漏网之鱼，却没有人理会，整日担惊受怕，且吃不饱、穿不好，生活十分凄惨。在这个关键时刻，曹操犹如天将下凡，亲自把他从洛阳接到了许昌。献帝感激涕零，自然对曹操委以重任。而曹操带着他的团队，也借由此事顺利完成了转型，从一个立足未稳，夹在刘备、吕布、袁术、袁绍之间的弱小军阀，变成了打着天子旗号的朝廷正统。凭着老辣的政治眼光，曹操在四方争战不休的乱世环境中，巧妙地拿到了政治和舆论上的主动权，稳固了自己的地位。

而且，地位还越来越高。有多高呢？他很快就被献帝封为大将军，这可是卫青、霍去病曾经担任的职位。不过，他却没有答应接任大将军。因为同一时间，袁绍被封为太尉，矮了大将军一级，心里正不痛快呢。

曹操捋须一笑，对手下的将领们说：“袁绍想当大将军，就让给他好了，咱们现在还有更重要的事情要做。”他果断把大将军之职让给袁绍，自己做了小一级的车骑将军。

这正是他高明的地方——放弃无谓的虚名，紧抓眼前的利益。

眼前最重要的是什么？是地盘、势力，还有吃饭问题。如今，他手里有了皇帝，有了根据地，兵将也越来越多，但粮食不够啊。没有足够的粮食，怎样继续扩充兵力，抢占地盘？

于是，当别的军阀还在为虚名你争我夺时，曹操首创屯田，设置田官，恢复生产，不断把大量粮食往自己的粮仓中拨拉。他对下属们说：

> “夫定国之术，在于强兵足食，秦人以急农兼天下，孝武以屯田定西域，此先代之良式也。”是岁乃募民屯田许下，得谷百万斛。于是州郡例置田官，所在积谷。
>
> ——《三国志 · 武帝纪》

这边粮仓刚刚充盈起来，另一边也有好消息传来——徐州的刘备和吕布打起来了。虽然早已预料到，但突然听到这个消息，曹操还是开心得抚掌大笑起来。当听说刘备打了败仗，竟然带兵来投奔自己时，他更高兴了，连忙把对方迎进城中。

不过，他虽然爱才，但也知道刘备投奔自己的目的是什么。对方惨败，不仅想找个靠山，还想要借自己的手找吕布报仇。他虽然也很想除掉吕布，但这个时候，要和吕布开战吗？不能。他果断地做出部署——放着吕布，让对方再膨胀一段时间，先解决在宛城的张绣。

张绣是张济的侄子，张济原本是董卓的部将。董卓死后，张济与李傕一同率军攻破长安，挟持献帝，官越做越大。建安元年（196 年），张济因军队缺粮而进攻穰城，中箭而死。他死以后，张绣继承了他的产业，占据宛城，并和刘表结成了同盟。

曹操看得很透彻，张绣和刘表这个同盟关系并不牢固，都是为了利益。而且，张绣不如吕布勇猛。这也是先发兵张绣的一个重要原因，看人看事，曹操精准得令人咋舌。

建安二年（197 年），曹操率军南征。果然，大军刚到淯水，张绣就不战而降。这一战，曹操胜得漂亮，大胜而归。只可惜，他运筹帷幄，却忽略了张绣的秉性。

张绣投降没多久，就反叛了。他的偷袭，让曹操猝不及防，落荒而逃，长子曹昂、侄子曹安民被杀，猛将典韦也力战而死。

曹操惊怒交加，接连向张绣发起了猛攻。只可惜，刘表此时派军队前来援助张绣，贾诩也还在张绣帐下。他虽然取得了一些胜利，但始终无法彻底将张绣击垮。

曹操这个人，最厉害的特点是灵活、果决。见始终拿不下张绣，他果断调整战术，又把目标对准了吕布。这一次，他下定决心，要一举拿下吕布。可是，这仗要怎么打呢？他耍了一个“小聪明”。

他先是给了刘备一些兵马，让其抗击吕布。刘备不是想报仇吗？满足他。这样，不仅能试出吕布的虚实，还能借机消耗吕、刘两人的实力，简直百利而无一害。毕竟，刘备也是他忌惮的人。

建安三年（198 年）九月，在刘备攻打吕布无果后，曹操果断东征徐州，与吕布展开对决。他先是攻下彭城，后又把吕布围困在下邳。下邳城池高大，易守难攻。他见强攻难以奏效，于是引沂水、泗水灌城。

吕布见大势已去，只好下城投降。曹操见到被捆成粽子似的吕布，不由得仰天大笑。他知道，自己离雄图霸业又近了一步。

权变

成功不是比谁更聪明，而是比谁犯蠢更少。

就比如说著名商战阳谋——拍蒜计。

某家老牌企业的刀具出了质量问题，客户质问客服。

客服说自家刀具质量很好，但不能拍蒜。

客户曝光，在网上引起轩然大波。

另一老牌竞争企业直播拍蒜，引起数十万网友围观。

此举不光让这一老牌企业焕发新生，更狠狠打了对手的脸。

这就是借风驶船、顺势而行的阳谋智慧。

只要对手犯蠢，便抓住机会，穷追猛打！

陈登

洞若观火，左右逢源

兴平元年（194 年），曹操为父亲报仇攻打陶谦，刘备主动前来相救。曹操撤军后，陶谦已病入膏肓。临死之前，他指定刘备为徐州牧，接管徐州，并认为:“非刘备不能安此州也。”

一个外来户，摇身一变，忽然成为徐州的大老板，不要说有些徐州将领不服，就连刘备自己也担心诸侯不服，不愿接手徐州。关键时刻，有一个人跳了出来，极力劝说刘备接管徐州。

这个人就是陈登。他对刘备说:“如今汉室衰弱，天下将要倾覆，创功立业，就在今日这个时机。徐州殷实富裕，人口有百万，希望委屈您来主持州事。”

这一番劝说，极为精要。陈登明确地告诉刘备，徐州有钱、有人，你若想在乱世建功立业，就不要错过这个好机会。

刘备听后怦然心动，从犹豫不决变得坚定起来，接下了徐州。

可以说，刘备占据徐州，陈登有很大的功劳。

陶谦死前，陈登在徐州担任典农校尉，也就是农业部门负责人，虽然没有什么实质性的权力，但地位很高。他为什么会力挺刘备呢？

这就是陈登厉害的地方了，政治嗅觉敏锐、看人极准。他看到了刘备身上的潜力，认为对方一定能将徐州治理好。因此，他把宝押在了刘备身上。

刘备接管徐州后，囤积粮食，招兵买马，势力逐渐强大起来。但在乱世，一股势力强大后，必然会招致更多人觊觎。建安元年（196 年），袁术率领军队进攻徐州。刘备无奈之下，只好率领军队在盱眙、淮阴迎击。而在这个节骨眼上，吕布却趁机反水，偷袭刘备并占领下邳，自己当上了徐州的“一把手”。

这个时候，作为刘备的铁杆支持者，陈登又做了一个出人意料的决定——归顺吕布。

当然，与归顺刘备不同，这一次，他做的只是表面功夫。陈登这个人，从小就有匡世济民的志向。二十五岁时，他被推荐为孝廉，担任东阳县令，扶养老人，养育孤儿，爱民如子。后来在徐州担任典农校尉，更是带领百姓开垦田地，减少饥荒。可以说，他是一个真正想为百姓做点实事的人。

这样的人，自然不会真心归附好勇斗狠的吕布。他早就看出，吕布并非真正的明主，因此自己需要潜藏下来，不动声色、伺机而动，耐心等待一个机会。机会终于来了。

建安二年（197 年），袁术在寿春称帝。当上“皇帝”以后，他担心自己的力量不够强大，于是向吕布提出让自己的儿子娶吕布的女儿为妻。在他看来，和吕布结为亲家，自己的实力必定大增。吕布的野心很大，此时能和袁术联姻，当然也心花怒放，两人一拍即合。

这件事如果成了，徐州、扬州联为一体，实力将会大增。陈登自然不愿意看到出现这种局面，于是和父亲陈珪一商量，想出了两步高明的计策。

第一步，阻断联姻。陈珪是沛相，说话很有分量，亲自游说吕布，劝对方放弃联姻。

> **“曹公奉迎天子，辅赞国政，威灵命世，将征四海，将军宜与协同策谋，图太山之安。今与术结婚，受天下不义之名，必有累卵之危。”**
>
> **——《三国志 · 张邈传》**

陈珪劝吕布很有一套，说曹操奉迎天子，辅佐朝政，是国家正统，你应该与他合作。如果你与袁术结成儿女亲家，那就是天下的罪人了。

吕布听后觉得有道理，担心自己成为众矢之的，于是赶紧派人把刚刚送走的女儿又追了回来。同时，在陈珪的撺掇下，吕布又把袁术派来迎亲的使者给杀了。这一下，袁、吕二人彻底决裂，仇恨更深了。

第二步，联系曹操。陈登早就想联系曹操共同对付吕布了。此时借着吕布、袁术决裂的机会，陈珪趁机提出让儿子陈登出使许都联合曹操的计划。刚好在这个时候，曹操的使者来传达献帝的旨意，任命吕布为左将军。

吕布大喜，立即任命陈登为使者，到许都向献帝谢恩。

这正是陈登想要的。只是，他到许都，真的只是为了向献帝谢恩吗？

陈登到达许都后，立即找到曹操，诉说了吕布有勇无谋、反复无常的缺点，希望曹操早日除掉吕布。他在吕布身边隐忍多日，为的就是这一刻。

曹操本就忌惮吕布，此时瞌睡遇到枕头——自然高兴万分。他任命陈登为广陵太守，让其回到吕布身边，做自己的内应。临别时，他拉着陈登的手说："东边的事，就全托付给你了。"

陈登目的达到，满意而归。只是他没有想到，一场大麻烦正等着他。

刚回到徐州，他就被吕布派人抓了起来。吕布派他出使许都，除了联络曹操，向献帝谢恩，还有一个重要目的——要官。吕布虽然占据徐州，但这个地盘是夺来的，自己一直"无名无分"，他想通过陈登，求得徐州牧的官位。可这件事，陈登竟然没有办成。

吕布越想越气，拔出大戟，砍着桌子，怒斥陈登说："你父亲劝我与曹操合作，我才拒绝了与袁术联姻。现在，我一无所获，你竟然得到了朝廷的重用。你说说看，我是不是被你给卖了？"

生死关头，陈登越发沉稳。他面不改色，从容回答："我见到曹公说，对待将军您，要像对待猛虎，应该让您吃饱。如果吃不饱，您会吃人的。"

对于这一记马屁，吕布非常满意。他让人松开陈登，追问："曹操是怎么说的？"

陈登说："曹公说，对吕布更像是养鹰，饿的时候可以利用，但若让他吃饱了，他会自顾飞去。"

听到陈登“转述”曹操的话，吕布心中的怒火逐渐平息。

陈登逃过一劫，回到广陵后，暗中集结兵马，时刻等待着曹操的命令。他做事沉着，行动周密，不到一年就组建了一支精兵，而且把广陵治理得井然有序，吕布竟然一直没有发觉。

等吕布终于发觉时，已经是建安三年（198 年）。

这一年九月，曹操挥军东征，攻打吕布。陈登见时机成熟，便率领军队由广陵出发，配合曹操，把吕布围困在下邳城。吕布惊怒交集，将陈登的三位弟弟作为人质，向陈登请和。陈登知道吕布的为人，拒绝请和，反而把下邳城包围得更紧。

曹操到来后，直接围困下邳城三个月，后来更引水围城。吕布无奈，只好下城投降。

而陈登，终于凭借自己的智慧，解决了徐州之祸。

权变

年末，董事长大幅削减年终奖。

总经理担心员工会有意见，董事长胸有成竹，教给他一个办法。

下午，公司传出消息，因为效益不佳要裁员，人心惶惶。

过了一周，总经理宣布，年底不裁员了，但取消年终奖。

又过了一周，总经理通知中层紧急开会。

半小时后，主管们大喜过望，冲进各自部门，告诉大家还有年终奖，只是比往年少，整个公司瞬间爆发出阵阵欢呼。

降低对方的期望值，再给对方超出预期的结果，这是职场管理中屡试不爽的方法。

刘备

忍辱负重，借势而上

陶谦死后，当糜竺、陈登等人来小沛迎接刘备做徐州牧时，刘备惊讶之余，内心深处是拒绝的。他不是不想接手徐州，而是担心——

徐州是一个四战之地，接手徐州，就要直面诸多势力，自己会不会成为众矢之的？

自己客居徐州，是个外来户，本身实力又太弱小，能不能守得住徐州？

自己是皇室宗亲，向来以仁义为本，现在鸠占鹊巢，会不会有损自己的形象？

考虑得越多，他就越觉得徐州是个“烫手山芋”，一定不能接。因此，他果断拒绝：我无才无德，势力也弱，万万不敢接手徐州。

抛开那些顾虑，他当然想接手徐州。开玩笑，身在乱世，又肩负着兴复汉室的使命，他当然想有个稳固的地盘，有一班可靠的班底。只是一旦接手徐州，不可控的因素太多，他怕得不偿失。

在这个关键时刻，陈登的一番话，彻底打动了他。陈登说，汉室衰微，天下面临百年未有之大变局。徐州殷实富足，人口众多，你接手徐州，一定可以建功立业，开创辉煌。这一番话，说得刘备心花怒放，当即想要答应接手徐州。

不过，多年的颠沛流离，使刘备变得城府极深。虽然心里十分愿意接手徐州，但他还是故意推辞一番，以免日后落人话柄。他说：

“袁术近在寿春，家大业大，比我更适合接手徐州啊。”

陈登毫不客气地说，袁术骄横自负，不是治理乱世的贤才。这个位置，只有你坐才最合适啊。

话都说到这个份儿上了，刘备便不再推辞，带领兵马从小沛进驻徐州。对于他来说，这是职业生涯的一次重大转折。从二十三岁起兵，到此时成为一方诸侯，他花了整整十年。因此，他十分珍惜这次机会，励精图治，整顿兵马，不断巩固势力。

眼看形势越来越好时，他却犯了一个致命错误——心太软。

兴平二年（195年），吕布被曹操打败，走投无路时来到徐州。刘备深知吕布的为人，原本想要拒绝接纳，却没能架住吕布的“花言巧语”。吕布对刘备非常尊敬，谦卑地说：

“我和你都是北疆边境的人，算是同乡。我杀了董卓后，关东诸将都想杀了我。只有你是真正的英雄，肯接纳我。”

刘备心中高兴，于是便接纳吕布，并将其安排在了小沛。而这次的心软，很快就为他招来了大祸。

建安元年（196年），袁术率领大军进攻徐州。刘备在徐州立足未稳，仓促应战，两军相持在盱眙、淮阴。而在这个关键时刻，吕布骤然起兵，偷袭下邳，还俘虏了刘备的老婆和孩子。刘备心神大乱，赶紧回军，却在中途被袁术抓住机会，打得丢盔弃甲。

一般人遇到这种情况，一定会拼尽全力，报仇雪恨。刘备却不同，他稳住心神，分析自己的处境，做了一个惊人的决定——向吕布求和。

为什么要向吕布求和？这是他的无奈之举，也正是他有格局的地方。他刚刚被袁术打败，兵弱将少，而四周皆是强敌，想要继续生存下去，就必须依附一方势力。而依附任何一方势力，都有被吞并的危险，只有回到徐州才能保全自身。

原因很简单——吕布虽然忌惮他，但不会真正和他翻脸。因为外面还有很多强敌，正虎视眈眈地盯着徐州。另外，徐州虽然被吕布夺去，但他的根基还在，容易重新经营。

正因为想明白了这些，他才敢带着残兵回到徐州，忍辱负重向吕布求和。

吕布果然同意求和，将他的老婆和孩子归还，并将他安排到了小沛。风水轮流转，一年前，他把吕布安置在这里，没想到如今自己又被吕布安置到了这里。

回到小沛那天，阴雨绵绵，刘备仰天大笑，心中充满了酸涩。也是在那一天，他心中除掉吕布、重新夺回徐州的愿望空前强烈起来。

刘备性格中最强的方面，在于一个“忍”字。他忍着心中的恨意，在小沛快速积蓄力量，想要早日赶走吕布，夺回徐州的控制权。

更妙的是，他还能巧借吕布之势，为自己击退强敌。

建安元年（196 年），袁术派大将纪灵带领三万人马向小沛杀来。敌众我寡，下属劝刘备舍弃小沛逃走，刘备却放低姿态，向吕布求援。下属不解，问：“吕布一直忌惮我们，如今刚好可以借袁术的手除掉我们，怎么可能会出兵援助？”

刘备却微微一笑，说：“放心，吕布不会让袁术占领小沛，一定会来的。”

果然，刘备发出求援信息不久，吕布就带领兵马飞速赶到小沛，并用一招“辕门射戟”，吓退了纪灵等将领，解了小沛的危机。而刘备则凭着毒辣的眼光，以及对形势的准确判断，不费一兵一卒，就借吕布之势为自己解了围。

小沛危机解除后，刘备继续扩充兵力，很快就招募了一支万余人的军队。只可惜，这支军队还没有派上用场，就被吕布察觉了。吕布立即率军进攻小沛，再一次将他打败。

再次惨败，积蓄的兵力也消耗殆尽，这让刘备既心痛又无奈。但他这个人，韧性极强，从来不会被失败所困。他很快就调整好状态，且有了新的计划。

这一次，他打算前往许都投奔曹操。

他知道，曹操自诩维护汉朝正统，一定会善待自己这个皇室宗亲的。虽然在心里，他非常不愿意依附任何势力，但形势所迫，他只能咬牙低头，而且会笑着低头。这，正是他的处世哲学。

事实证明，他是对的。曹操见他前来归附，大为高兴，立即封他为豫州牧，并给钱给粮给人，让他到小沛收拢旧部。曹操的用意很明显——想让他冲在前面，对付吕布。他当然明白曹操的打算，但风险与机遇向来并存，这何尝不是一次积蓄力量的好机会呢？

只可惜，他的实力与吕布相比，还是弱了一些。

建安三年（198 年），刘备再次被吕布打败，沛城失守，他的老婆和孩子再次被俘。但不久之后，他就联合曹操，又向吕布发起了进攻。越挫越勇，永不言败，这是他的人生信条。

这一次，吕布兵败被擒。吕布想向曹操投降，但刘备只用一句话，就改变了吕布的命运。他说："明公，你看过吕布是如何侍奉丁原和董太师的吗？"

这句话，直接让曹操改变主意，杀了吕布。

而他，也终于一雪前耻。

权变

想在人情社会如鱼得水，逃不开三个字："砸""捧""挺"。

"砸"，就是要舍得，不要一味节省。

没方向的省钱和抠门是贫穷的主要原因之一。

"捧"，就是要嘴甜，会来事儿。

关键时刻鞍前马后并不丢人。

"挺"，就是要做好潜力股投资。

懂得烧冷灶才会有大回报。

陈宫

胆大心细，刚毅果决

兴平元年（194 年），曹操向东攻打陶谦，派心腹陈宫驻守东郡。

曹操生性多疑，此次几乎倾巢而出，肯把大后方的东郡交给陈宫，可见对陈宫的信任。他确实很信任陈宫，因为两人相识较早，而且，陈宫还曾多次帮助过他。

当年，曹操刺杀董卓失败被全国通缉，逃到中牟县时，陈宫被曹操的义举打动，毅然弃官跟随曹操，想要共同成就一番大业。后来，兖州刺史刘岱被黄巾军所杀，陈宫更是凭着三寸不烂之舌，成功说服兖州官员，让曹操轻轻松松成了兖州牧。可以说，曹操能快速崛起，有陈宫的一份功劳。

正因如此，曹操才能如此信任陈宫。

然而，任谁也没有想到，陈宫竟然辜负了这份信任。他趁着曹操东征的机会，竟然联合张邈一起反了。他们迎来吕布，把兖州搅得天翻地覆，迫使曹操不得不放弃攻打陶谦，匆匆忙忙回兖州“救火”。

陈宫为什么会突然反水？他难道不想跟随曹操共同成就一番大业了？

其实，这才是真正的陈宫——胆大心细，刚毅果决。他之所以突然反水，是因为两个字：利益。曹操成为兖州大老板后，任人唯亲，要钱要粮，甚至还杀害了一些兖州士族。这些行为，让陈宫以及当地士族有了危机感。当然还有一个重要原因是，他也想真正闯出一番功业。

聪明的人，往往善于抓住机会。因此当机会来临时，陈宫果断行动了。

而在这次的行动中，他凭着周密的计划、老到的社交技巧，极大地保障了行动的成功率。

力量不足，他拉来了张邈。他对张邈说：

“现在天下分裂，英雄豪杰都想创一番事业。您拥有十万人的队伍，又占据战略要地，完全可以成为人中豪杰。现在屈居人下，不是太可笑了吗？”

这一番鼓动，说得张邈心花怒放，立即决定脱离曹操集团，自立门户。

但这还不够，陈宫审时度势，又为张邈谋划了一个强大的合作伙伴。他说：

“吕布是个猛士，英勇善战，我们可以将他接来一同占据兖州。这样，我们不仅不用怕曹操了，还可以扩张地盘，纵横一时。”

张邈大喜，听从他的意见，迎来了吕布。

在陈宫的推动下，张邈、吕布等人组成一股强大的力量，迅速占据了濮阳，兖州其他很多郡县都纷纷响应。曹操知道后，率领军队攻打吕布，却被吕布打败，落荒而逃。这一战，彻底改变了吕布等人的命运。当然，也改变了陈宫的命运。

陈宫自此正式归附吕布。

追随曹操时，陈宫尽心尽力。来到吕布帐下后，他也一心辅佐，期望能在乱世之中闯出一番事业。他智谋过人，思虑老辣，多次为吕布出谋划策。只可惜，吕布勇猛善战却刚愎自用，常常不愿听从他的建议，导致多次错失良机。

而机会一旦失去，往往再难寻到。

建安三年（196 年）冬天，吕布集团再次遭遇生死危机。曹操联合刘备，把吕布等人围在下邳城。吕布多次带人突围没有成功，心中恐惧，便打算投降。这个时候，陈宫对吕布说：“我们现在投降，一定保不住性命！”

于是吕布向袁术求救，袁术亲自率兵前来解围，却铩羽而归。

陈宫这时献计说：“曹操远道而来，粮草有限，一定停留不了太久。您可以率领一支精锐驻扎在城外，我率领剩下的军队守在城内，如果曹操攻击您，我就领兵攻击他们的后背；如果曹操攻城，您就在外援救。这样，不出一个月，曹军粮食吃光，我们就一定会将其打退。”

陈宫思虑周全，为吕布献上了这条进可攻、退可守的上上计策。吕布听后，非常高兴，打算留陈宫与高顺守城，自己则率领军队出城驻扎。但是，他的老婆却极力反对，对吕布说：“陈宫一向与高顺不和，您一出城，他们不好好配合怎么办？再说，曹操对陈宫那么好，他却舍弃曹操来投靠我们，您真的能信任他吗？”

吕布本就多疑，这一番话，更让他彻底放弃了陈宫的建议。

陈宫听说后，掩面而泣。他知道，这一次，吕布集团恐怕凶多吉少了。

果不其然，不久之后，曹军挖沟修渠，引来沂水、泗水灌城。吕布冲不出去，军心浮动，眼看就要支撑不住了。无奈之下，吕布向曹操投降，后被曹操所杀。

曹操感念陈宫以前对自己的帮助，劝他再次辅佐自己。可陈宫不为所动，慨然赴刑场受刑而死。

权变

无论是创业还是守业，能够果断放弃远胜于拼命努力。

古代捕捉猴子有一种奇特的狩猎方法：

在一个固定的小木盒里面，装上猴子爱吃的坚果。

盒子上开一个小口，刚好够猴子的前爪伸进去。

猴子一旦抓住坚果，爪子就抽不出来了。

古代戏法艺人常常用这种方法捕捉猴子。

因为猴子有一种习性：不肯放下已经到手的东西。

不懂得放弃与及时止损，只能跟成功背道而驰，甚至一败涂地。

第四章

定鼎江东

以弱克强：攻城为下，攻心为上

初平三年（192 年），一代猛将孙坚奉袁术之命攻打刘表，被荆州牧刘表的部下黄祖的军士所杀。孙策当时十七岁，与其弟孙权都跟随在袁术左右。孙策有勇有谋，在袁术麾下屡建奇功。但袁术并非明主，不能人尽其用，孙策虽有意大展拳脚，却处处被掣肘。

兴平二年（195 年），孙策征得袁术许可后，东渡长江，协助堂兄孙贲和舅舅吴景攻打扬州刺史刘繇。天高任鸟飞，海阔凭鱼跃。此一去，孙家兄弟便在江东掀起了堪称波澜壮阔的创业史诗……

孙策

有勇有谋，进退有度

孙策率领军队，从寿春风尘仆仆地赶到了历阳。他勒马站在历阳城外，回头望了望身后的队伍，不由得意气风发，仰天长笑——“江东，一定会是我的！”

他的底气，来源于身后的队伍。从寿春出发时，他只有一千多士卒、几十匹战马。一路上不断有人来投奔，等到达历阳时，他身后的队伍已经发展到五六千人了。而这支队伍，将是他打下江东最可靠的班底。

这一刻，孙策信心十足。

孙策虽然年轻，但带兵打仗却颇为老辣。他军令很严，从不侵犯百姓，且相貌英俊，言谈幽默，性格豁达开朗，乐于接受意见，还善于用人。每到一处，兵士和百姓都拥戴他，都愿意尽心尽力辅佐他。

打仗的时候，他勇猛无畏，总是像猛虎一样冲在前面，几乎没有人敢与他交锋。

因此到江东不久，他就打了很多胜仗。兴平二年（195 年），他从历阳渡江，更是一举打败刘繇，后又攻下吴郡，牢牢站稳了脚跟。不久后，他挥军进攻会稽，在击败了王朗的军队后，封自己为会稽太守，成为江东名副其实的大老板。

这一年，孙策二十岁。

孙策不仅善打仗、会用人，看人看事也极为精到，且做事果决，从不拖泥带水。

建安二年（197 年），袁术拿着传国玉玺，在寿春正式称帝。这一昏招，很快让自己成为众矢之的。孙策原本想与袁术结成战略同盟，此时见形势不对，赶紧写信给袁术，劝其不能称帝。可是，袁术此刻正沉浸在做皇帝的美梦中，又哪里肯听？

孙策见状，立即改变策略，与袁术决裂。当然，单方面的决裂是不够的，他毕竟是袁术的老部下，如果决裂得不彻底，别人不会相信，朝廷更不会相信。为了让朝廷相信，他立即向朝廷上贡，表明自己的立场。

这一招果然有用，朝廷相信了。曹操很快派人送来献帝的诏书，任命他为骑都尉，兼任会稽太守，并让他与吕布、陈瑀等一起讨伐袁术。

孙策心中明白，曹操之所以给自己加官晋爵，目的只有一个——借己之力，对抗袁术。那到底打不打呢？打。孙策勇猛，却绝不鲁莽，他深知袁术得罪了天下人，谁主动出击，谁就有可能获取更大的利益。

于是，他按照诏书要求，率领军队北上，打算与吕布、陈瑀会面，共同征讨袁术。可不承想，当他率军走到钱唐时，情况却发生变化。陈瑀竟然违背约定，公然抢夺他的地盘。

孙策得到消息后，不怒反喜，竟然大笑起来。部将问他原因，他说："我正发愁没有借口继续扩大地盘，现在机会终于来了！"

孙策的老辣，在战斗中体现得淋漓尽致。他立即率领大军直扑海西，大败陈瑀。不仅如此，他还一鼓作气，顺势拿下了陵阳、丹阳等地。而这些地方，原本是袁术的地盘。

建安四年（199 年），袁术突然得病而死。树倒猢狲散，袁术一死，其手下的将领们开始各投明主。杨弘、张勋等人想要投奔孙策，但在中途，却被庐江太守刘勋拦下，成为俘虏。

孙策听说后，十分生气。可当部下劝他立即发兵对付刘勋时，他却摇头拒绝了，说："刘勋手下兵强马壮，不宜硬碰，只可智取。"紧接着，他精明地上演了一出智破强敌的大戏。

他先是对刘勋示好，送上丰厚的礼物，并劝说刘勋攻取上缭。刘勋在他的夸赞声中，早已迷失了方向，迫不及待地发兵上缭。他则趁机率兵绕袭，一举攻破了刘勋的大本营皖城。随后，他又引兵设伏，轻松打败了前往救援刘勋的黄射，并一路沿着长江而上，兵至沙羡。在周瑜、孙权、黄盖等人的辅助下，他斩敌两万多人，还缴获了六千多艘战船，以及大量的金银财宝。

到建安五年（200 年）时，孙策已经占领了江东的全部地区，成为除曹操、袁绍之外的最大军阀。他的野心很大，眼见曹操在官渡和袁绍打得热火朝天，便做出了一个大胆的决定，打算趁曹操后方空虚之时，偷袭许昌，迎献帝南下。

他想要接替曹操，“奉天子以令不臣”，其战术智谋、战略眼光，由此可见一斑。

只可惜，天算不如人算。在一次打猎的过程中，他被仇人许贡的门客暗算，面颊中箭，不治而亡。临死之前，他把兵权交给弟弟孙权，对其说：“率领江东将士，决战两阵之间，横行争夺天下，你不如我；但举贤任能，使其各尽其心，用以保守江东，我不如你。”

话里话外，充满了遗憾与不甘。

是啊，他还没能夺得天下，怎么能就此死去？

这一年，他年仅二十五岁。

权变

有这样一条生存铁律：

学会说一点暖人心的好话，你就能搞定 99% 的社交难题。

比如你在驾校学开车，只要你改一下称呼，把“教练”改成“老师”，你就会发现，教练态度好了，练车也优先教你。

有人的地方就是江湖，学会与他人打交道，生活与事业才能风生水起。

孙权

沉着冷静，谋定后动

当哥哥孙策打败刘繇，派人到阜陵接全家人回曲阿时，孙权正在与朋友喝酒。听到这个消息，他既惊喜，又遗憾。

惊喜的是，哥哥在曲阿站稳了脚跟，他和母亲终于可以回家了。而且从此以后，他能够跟随哥哥纵横沙场，一展所长，这正是他毕生所愿。

遗憾的是，他要与相交甚笃的一帮朋友暂时分开了。虽然人生难免会有离别，但离别总会让人感到不舍和遗憾。

孙权这个人，为人豪爽，崇尚侠义，平时最喜欢结交朋友。他出生在显赫的将门之家，父亲孙坚曾在讨伐董卓的战争中威名远扬，哥哥孙策骁勇善战，后来成为威震江东的一代霸主。在这样的家庭环境中，他早早练就了过人的胆识和非凡的武艺，更有一腔侠义情怀。只可惜命运多舛，孙坚战死时，他才十岁，只能跟着母亲在舅舅家生活。

但艰难的生活，使他磨炼出了高超的政治手腕。孙策死前对他说，“举贤任能，使其各尽其心，用以保守江东，我不如你。”很显然，这位江东霸主也早就看出了弟弟政治上的不凡。

在政治上，孙权确实很有一套。他仁爱多才，善于招揽贤能，每到一个地方，都会用心结交当地有才能的人。回到曲阿后不久，他就声名远播，逐渐与父亲和哥哥齐名。

此外，孙权经常跟在孙策身边，用心学习，尽力辅佐。仅仅过了一年，他就被孙策任命为阳羡县长。而这一年，他只有十四岁。

虽然年纪很小，但孙权沉着灵活的处事手段令人称奇。比如，这一次——

建安二年（197 年），有一天，孙策率兵前往讨伐山贼，宣城仅有孙权带领数百人留守。而恰在这个时候，几千名山贼蜂拥而至。

守城的将士们见山贼众多，不免害怕。孙权见状，立即上前，沉着冷静地分析了当前局势，告诉将士们：山贼虽然人数众多，却是乌合之众，攻城没有章法。几百兵士据城而守，必然能挡住山贼的进攻。而如果大家不齐心守城，一旦城破，山贼屠城也不是没有可能。

一番分析入情入理，成功激起了将士们的斗志。结果，他仅靠着不足千人的队伍，就成功击退了几千名山贼。那一战，使他声威大振。

随后几年，孙权一直跟在孙策身边，讨伐庐江，进军沙羡，收复庐江、豫章二郡。战火磨砺了他的意志，锻炼了他的心智，使他行事越来越精进。他为自己的成长而喜悦，却不知道，原来上天早就给自己准备好了一副重担。

建安五年（200 年），孙策被仇人门客行刺，不治去世。临终前，他让孙权接替自己的位子。

这一年，孙权才十八岁。对于他来说，这么年轻就掌握江东六郡之地，既是荣耀，也是压力。望着哥哥的遗体，他泪流满面：

“兄长，我能实现您的遗愿吗？这个担子，实在太重了啊！”

他清楚地知道，自己虽然继承了高位，但接到手里的，却是一份千疮百孔的基业——

孙家在江东根基不深，哥哥靠着排山倒海般的气势压服了江东本土势力，可有很多人却面服心不服。更何况，庐江太守李术、庐陵太守孙辅等虎视眈眈，豫章、会稽等地数万山贼也蠢蠢欲动……而他自己年龄还小，领导经验、军事经验都还欠缺。

“我能做到吗？”

“我可以！”

他擦干眼泪，毅然站起来，向着门外大步走去。

“我是孙权，一定能够守住江东，开创千古霸业！”

权变

攻城方法可能有很多，而人性虽复杂却也千篇一律，所以攻心之术无非就这么几个方面：

计一，顺应对方，打开其心，则见其底；

计二，观察其人，投其所好，则成欲成之事；

计三，善用人性，揣摩人性，则可制定谋略；

计四，适当刺激，反向探测，深度掌握对方内心；

计五，稍作沉默，让对方畅所欲言，则可见其机。

攻城为下，攻心为上，攻破了人心，成功自然手到擒来。

周瑜

深思远虑，步步为营

兴平二年（195 年），孙策率领一支千余人的军队，打算东渡长江，开启争霸江东的伟大事业。

此时，周瑜正跟着叔叔学习军事谋略，还在“实习期”。当听到好友将要渡江打仗的消息时，他坐不住了，打算率兵接应。

周尚劝他不要冲动，他却大笑着说：“我早就想与伯符兄并肩作战，此时不去，更待何时？”

于是，他不顾周尚反对，带着一支丹阳精锐迎接孙策，给其最大的支持。两人见面，孙策握着他的手，喜悦地说：“我有了你，事就成了。”

从十几岁的青涩少年，到如今的青年将领，两人的友谊已经延续了数年，且如陈酿美酒，越来越醇厚。周瑜看着眼前魁梧挺拔的孙策，不由得想起了当年两人相识的经过：

当时周瑜十四岁，孙策也十四岁。原本一切如常，他在舒县舒舒服服地当着“官二代”，生活富足，快快乐乐。孙策则在寿春，一面照顾弟弟，一面结交英雄豪杰。两个人没什么交集，然而朝中突然发生的一场巨变，把两个同龄少年无形中拉到了一起。

那年四月，汉灵帝驾崩。紧接着，大将军何进被杀，宦官集团被屠，董卓进京把持朝政，弄得整个洛阳腥风血雨，人心惶惶。那场政治斗争，原本波及不到远在庐江郡舒县的周氏，但不巧的是，周氏有人在洛阳做大官。那个人，是周瑜的族叔周忠，他在洛阳担任九卿之一的大司农。

听闻朝中发生惊天巨变，周忠之子周晖担心父亲的安危，于是带上族里的年轻人与一群门客，跑到京城去探望周忠并保护周忠的安全。却不料，这一下惹出了天大的麻烦。

董卓刚带三千西凉兵进京掌控朝廷，正担心其他军阀也参与进来，转头一看，发现周晖也带了几百人来，顿生忌惮之心。他也不问情由，就派人在半路上把周氏这几百人斩尽杀绝。经过这件事，周氏一族，特别是周忠一系的青壮精英损失殆尽，家族势力急转直下。周瑜虽然是周氏旁系子弟，但也被迫走上前台，担起了兴复庐江周氏家族的重任。

这是无奈，也是命运。

周瑜虽然年少，但做事已然极为老练，他做的第一件事，就是争取孙氏。在他看来，周氏家族要想重振辉煌，就必须拉拢孙氏这样的势力。于是，他孤身一人，从舒县向北来到寿春，找到了孙策。

两个年轻人一见如故，很快便成为知交。孙坚率领大军讨伐董卓，周瑜便劝孙策带着母亲和弟弟移居舒县。他们在舒县一起探讨兵法谋略，结交社会上流人物，成了当地炙手可热的“青年明星”，很多名士都慕名来投。

想到这里，周瑜便笑着对孙策说：“伯符兄，我来投奔你了。”

两人相交多年，周瑜相信，孙策绝非池中之物。正因如此，他才敢率领兵马大张旗鼓地前来支援。雪中送炭，一定胜过锦上添花，他要用自己的智慧，为周氏搏出一个明天。

在周瑜的辅佐下，孙策率领大军一路势如破竹。他们先打下横江、当利，接着挥师渡江，进攻秣陵，打败了笮融、薛礼，转而攻占湖孰、江乘，进入曲阿，逼走刘繇。

此时，孙策的地盘越来越大，手底下的兵也越来越多，部众已经发展到几万人。两人一商量，这些兵马足够继续攻城略地，平定山贼，而丹阳却需要自己人镇守。于是，周瑜便率领一支队伍，回到丹阳。

然而，周瑜却没料到，自己回到丹阳不久，形势就发生了变化。

袁术为攫取更大的地盘，派出其从弟袁胤取代周尚，成了丹杨（丹阳）太守。周瑜不愿意在袁胤手下做事，跟着周尚到了寿春。

此时的周瑜，虽然年轻，但很有名气。袁术想将他收为己用，三番五次前来示好。可周瑜眼光高远，又怎么会看不出袁术空有其表，将来不会有什么成就？于是，他委婉地表示自己没有才干，只想做一个小小的县长。

这体现了周瑜的智慧——对袁术不拒绝、不远离。此时袁术兵强马壮，还是寿春的直接掌控者，直接拒绝不是找死吗？但归附袁术，他又心有不甘，于是选择在袁术手下做一个小小的居巢县长，以便借机返回江东。

建安三年（198 年），周瑜终于找到机会，和鲁肃一起回到吴郡。

听说周瑜回来，孙策开心得手舞足蹈，亲自出城迎接。他给周瑜高官厚禄，并对外宣称：

“周公瑾雄姿英发，才能绝伦，和我有总角之好，骨肉之情。在丹阳时，多亏他率兵相助，我才能够成就大事。”

在孙策身边，周瑜得到了重用，一路升迁。而他也不负众望，辅助孙策攻城略地，取得了极大的成就。可以说，孙氏集团后来雄霸一方，周瑜有很大的功劳。

建安五年（200 年）四月，孙策遇刺身亡。临死之前，他把军国大事托付给孙权，并嘱咐弟弟：“外事不决问周瑜，内事不决问张昭。”

周瑜听到孙策的死讯，悲痛大哭，很快带兵前去奔丧，随后，就一直留在孙权身边任中护军，稳定局面。他很清楚眼下东吴的局势，也很清楚孙权面临的危机，却义无反顾地留了下来。

因为，他是周瑜，也是孙策最好的朋友。

权变

在你一无所有时，恰恰是你积攒人脉的最好时机：

一、主动出击，多参加一些交流会，参加一些聚会，弄懂什么人混什么圈子；

二、多在社交平台提问高端问题，大佬也有攀比心，会有人来回答你的问题；

三、要懂得给大佬提供价值，这不是让你抢着给人家买单，情绪价值更有用；

四、跟大佬有交集后，要适当让他们帮你点小忙，这样今后才能礼尚往来。

古往今来，决定成功与否的最重要因素，是认知。

鲁肃

广结善缘，八面玲珑

在这个乱世中生存，什么最重要？

鲁肃认为，既不是钱财，也不是土地，而是人脉。只要朋友多，走到哪里，都能闯出一条光明大道来。他把人脉视为在乱世立足、开创事业的根本。

因此，当居巢县长周瑜前来借粮食的时候，他毫不犹豫地答应了。

不仅答应了，他还大方地给了一仓粮食。要知道，他家虽然颇有钱财，但也仅有两个大粮仓。每个粮仓里装有三千斛米，这在当时，算得上是一笔不小的财富。可他就这样把一仓粮食送出去了，没有半点不舍。

而他收获的，则是周瑜的信任。周瑜见他乐善好施，而且如此大方，认为他是个了不起的人物，当即就与他成为好友。两人的友谊，就像春秋时公孙侨和季札的那样牢不可破。他们后来相互协作，一起辅佐孙权，巩固了东吴政权。

这就是鲁肃擅长的地方——用人脉谋求发展。实际上，这也是他一贯的做法。

中平元年（184 年），黄巾起义爆发，千疮百孔的东汉王朝此时也已名存实亡。接下来的几十年里，各地割据势力此起彼伏，群雄四起，战乱不断，天灾人祸，许多人流离失所，无家可归。对于当时的老百姓来说，能有一口吃的，能活下去，就已经很幸运了。

鲁肃出生在富裕之家，衣食无忧，可在动荡期间，他却做了一个奇怪的决定：花钱。干什么呢？他拿出积蓄，变卖田产，一方面救济穷人，另一方面结交有志之士。

> **肃不治家事，大散财货，摽卖田地，以赈穷弊结士为务，甚得乡邑欢心。**
>
> **——《三国志 · 鲁肃传》**

这种在别人看来“犯傻”的行为，却给他带来了好名声。乡民拥戴他，一些有才能的人也慕名而来，想要与他结交。当然，在这些慕名而来的人中，让他收获最大的还是周瑜。

鲁肃和周瑜成为好朋友后，很快也遇到了周瑜曾经遇到的难题。当群雄混战的战火将要烧到他的家乡时，为了避害，他只得举家迁居到东城。而很不巧，东城恰恰是袁术的地盘。袁术听说鲁肃很有才能，就想请他出任东城县长。

能和周瑜成为好友，鲁肃的眼光自然不差。他也发现袁术这个人好高骛远，难成大事，于是果断带着家人和门客逃走。

逃到哪里去呢？他早有决断——到居巢投奔好友周瑜。

逃离的过程中，还发生了一件有意思的事：袁术听说鲁肃逃走了，大发雷霆，急忙派兵追赶。眼看追兵越来越近，鲁肃也不逃了，他张弓搭箭，对追兵说：

“如今天下大乱，正是建功立业的好机会。你们追到我有功，但也得不到赏赐；追不到我有过，却也不会受到惩罚。既然如此，为什么不放我一马呢？”

追兵感觉很有道理，再加上都听说过鲁肃的贤名，于是便放他们离开。鲁肃顺利到达居巢。

建安三年（198 年），周瑜东渡长江，投奔孙策。鲁肃无条件相信周瑜，也一起投到了孙策营中。只是，在孙策那里，情况发生了变化。

孙策虽然也很赏识鲁肃，但一直没有重用他。

孙策没有重用鲁肃可能是因为，孙策是东吴政权的奠基者，此时征伐天下，更看重善于带兵打仗的将领；鲁肃虽然箭法精准、力道惊人，但带兵打仗却并不出众。

被晾了一段时间后，鲁肃有了另投明主的打算。恰巧祖母去世，他便请假回东城办理丧事。丧事办完后，他准备到曲阿接上母亲，另投他人。但是，变故又出现了——孙策被杀，孙权上位。而他的好友周瑜，更是抢先一步，把他的母亲接到了吴郡。作为好朋友，周瑜太了解鲁肃了，深知鲁肃是个有才能的人。这样的人才，怎么能流落到其他势力那里？他一边想办法挽留，一边向孙权推荐，说鲁肃很有才干，可以成为辅佐之臣。

瑜因荐肃才宜佐时，当广求其比，以成功业，不可令去也。

——《三国志·鲁肃传》

孙权十分信任周瑜，对于他的推荐自然不敢怠慢，于是约见了鲁肃。两个人坐在榻上，边喝茶边聊天。

在这个榻上，鲁肃把自己顶级谋略家的才能展现得淋漓尽致。他为孙权提出了“三分后一统”的总体战略规划：

第一步，保住江东这个根据地，与曹操、刘表三分天下；

第二步，刘表没有远见，可以先灭刘表，夺取荆州，与曹操划江而治；

第三步，在适当的时候，消灭曹操，一统天下。

这个战略规划，把少年孙权听得十分喜悦。

而鲁肃望着眼前满脸喜色的少年，欣慰地笑了。

权变

小张和小林一起进公司，二人能力相当，但说话方式天差地别。

领导问：“你现在忙吗?”小张：“我不忙。”小林：“我马上过来。”

领导问：“你下班后有事吗?”小张：“我今晚没空。”小林：“您找我有什么事?”

领导说：“这项任务很重要。”小张：“好嘞，我马上去办。”小林：“我回去考虑好方案就给您汇报。”

一年后，小林成了小张的领导。

真正会说话的人，一开口便能绝地逢生。

第五章

官渡之战

直击要害：伤其十指，不如断其一指

黄巾起义、董卓乱政……在一场场浩劫的接连打击下，东汉政权已经名存实亡。封疆大吏独揽军政大权，地主豪强并起割据。冀州袁绍、河内张杨、兖州曹操、徐州吕布、扬州袁术、江东孙策、荆州刘表、幽州公孙瓒、南阳张绣……纷纷于乱世之中崭露头角。

而其中挟天子以令诸侯的曹操，与四世五公雄踞北方的袁绍，身为乱世群雄中的执牛耳者，注定要爆发一场大战……

李通

通达权变，深图远算

李通喜欢高官贵爵，也喜欢金银珠宝。但是当面对袁绍派使者送来的征南将军的印绶，以及刘表派人送来的金银，先后摆在桌面上时，他却毫不犹豫地拒绝了。

他手按剑柄，怒骂使者：

“曹公英明智慧，一定能平定天下。袁绍虽然强大，却统率无方，最终定会被俘虏。我拼死也不怀二心。”说完，他杀了袁绍的使者，并将那枚象征权力和地位的将军印绶，交到了曹操手中。

李通忠诚吗？自然忠诚。面对诱惑，他仍然坚定不移地选择了曹操，并及时与袁绍、刘表划清界限，自然是忠心耿耿。只不过在忠诚的背后，隐藏着他对局势的精准判断。官渡之战打得热火朝天，他早就看出，袁绍虽然兵力强盛，却未必打得赢风头正盛的曹操。

正因如此，当曹操的一些手下摇摆不定，暗中和袁绍书信往来时，他没有一丝犹豫地保持了忠诚。

这是他独到的地方。

实际上，还没有归附曹操时，他的这种高瞻远瞩的特质就很明显。

早年间，他是一名游侠。后来天下大乱，群雄逐鹿中原，他和同郡人陈恭在朗陵起兵，组建了自己的势力。当时有个叫周直的人，手底下也聚集了两千多人。周直表面与李通、陈恭和睦，实际上经常暗中使坏。

李通想设法杀掉周直，就去和陈恭商量。但陈恭却犹犹豫豫，认为杀掉周直风险太大，难度太高。李通知道陈恭优柔寡断，于是自己设局，趁着与周直喝酒的时候突然发难，杀掉了周直。不仅如此，他还趁势杀了周直党羽中影响力较大的几个人，吞并了周直的队伍。

事后，陈恭问他为什么要这样做。他笑着说：“不杀周直，如何能吞并他的队伍，壮大我们？”

这才是他真正的目的——积蓄力量，壮大自己。想在乱世生存，就必须拥有强大的力量。他的老辣，在这一系列操作中，表现得淋漓尽致。

官渡之战越打越热闹，李通镇守阳安郡，主要职责是提供后勤补给，稳定后方局势。这个职位，看似没有前方冲锋陷阵的将领重要，实际上却紧扣军队脉搏，责任重大。袁绍想要拉拢他，也正是基于这个原因。

李通深图远算，看得透彻，果断拒绝袁绍，并将其给自己的征南将军印绶交给曹操，以表示自己的忠诚。但是，很多人却没有他这个智慧。当时的豫州地区，除了他之外，其他人纷纷倒戈，依附袁绍。他的一些手下也蠢蠢欲动，想要投靠袁绍。

李通斥责他们说："鼠目寸光，你们难道看不出谁能打赢这场仗吗？"

官渡之战胶着期间，豫州各地反叛四起，只有阳安郡安安稳稳。不仅如此，李通还积极征税，以补充前线所需。有人担忧地说："如今天下动荡不安，各郡县先后反叛，我们再这样征收户税绵绢，可能会引起民怨。"

李通说："袁绍和曹公相持不下，军情紧急，左右郡县又纷纷背叛。假如我们再不征收户税绵绢运往朝廷，有些人一定会说我们见风使舵，别有企图。"

不过，他也清楚这种做法容易引起动荡。于是李通集团请求退还已经征收的户税绵绢。

先征收户税绵绢，再退还给百姓，这是什么操作？这正是李通的高明之处。他知道，在动荡环境中，人心思变，只有让百姓对朝廷心生感激，局面才会稳定持久。

事情果然和他料想的一样。曹操听说这件事后，立即下令免除阳安郡的户税绵绢，并将已经征收的绵绢退还给百姓。而阳安郡的百姓们听说这件事后，欢天喜地，人心安定，更加忠于朝廷。李通虽然没有直接参与前线战斗，但凭着高明的手段，为曹操稳定后方，贡献了一份力量。

稳定民心后，李通还参与了平定后方的战役。他把阳安郡中的贼寇，如江宫、沈成等一一击溃，同时平定了淮河、汝水一带。后方的稳定，让曹操可以没有后顾之忧地对付袁绍，从而最终赢得了官渡之战的胜利。

权变

杀伐果断，就是处事稳、遇事忍、出手狠！

你在工作中勤勤恳恳，但一直得不到提拔。

这时不要慌，该做什么就做什么。

看清领导到底是在考验你，还是已经放弃你。

这叫——稳。

对手越排挤你，你越要跟他亲近。

只有亲近，才能发现他的破绽。

这叫——忍。

你有机会击败敌人，那就果断出击。

这叫——狠。

办事拖泥带水的人，难成大事。

贾诩

独具慧眼，进退有度

建安四年（199 年）秋天，曹操和袁绍剑拔弩张，决战一触即发。为了增加胜算，两个人都四处示好，拼命拉拢盟友。

这个时候，手握重兵的张绣成了香饽饽。

袁绍派人招揽张绣，还专门给贾诩写信，请他帮忙劝说。张绣收到信后，几乎没有太多犹豫，就想选择加入袁绍一边。他的理由很简单：自己跟曹操有杀子之仇，加入曹操阵营，能讨得了好吗？

可是，张绣还没来得及向袁绍的使者表态，贾诩却开始“作妖”了。

贾诩不等张绣发话，抢先逼问袁绍使者：“请回去问袁本初，兄弟之间尚且不能相容，还能容天下国士吗？”

“归谢袁本初，兄弟不能相容，而能容天下国士乎？”

——《三国志 · 贾诩传》

杀人诛心。这一句话，怼得使者变了脸色，更直接断绝了张绣投靠袁绍的念头。

张绣吓得摇摇晃晃，快要跌倒。他问贾诩，曹操和你我都有仇，现在你又把袁绍得罪了，我们该怎么办？还有活路吗？

贾诩却微微一笑，对张绣说：“办法只有一个，那就是投靠曹公。”

这才是贾诩的本意。作为一名顶级谋士，他早就看出，在这场两大巨头的争霸赛中，曹操虽然明面上弱于袁绍，却是真正的潜力股。而他想要投奔曹操，就必须先掐断张绣的后路。那句“鲁莽”的问话，实际是故意为之。

安抚完紧张的张绣后，他这才解释自己为什么这么说：

曹操尊奉天子，有朝廷的名号，是正统。

袁绍兵多，曹操兵少，我们这些兵马到袁绍那里，最多只是锦上添花，而到曹操那里却是雪中送炭，定然会得到曹操重视。

曹操有霸王之志，一定会摒弃前嫌，向天下显示自己胸襟宽广，而袁绍则不能容人。

这一番解释，直接把张绣说愣住了。过了良久，他才回过神来，抓住贾诩的手说:“原来先生想得这样透彻，我听你的。”

贾诩的老辣，在于对人、对事的准确判断。张绣投奔曹操后，曹操果然很给面子，不仅封张绣为扬武将军，还与其结成儿女亲家。

对于贾诩，曹操则更看重。因为，贾诩曾多次差点干掉他。比如建安二年（197 年），张绣的第一次“反水”。那一次，正是在贾诩的谋划下，张绣才能率领精锐大摇大摆闯进曹操营地，忽然发动袭击。如果不是大将典韦拼死相救，曹操可能已经死了。

但越是这样，曹操越看重贾诩。两人见面后，曹操握住贾诩的手，激动地说:“是您让我信重于天下。”意思是说——你数次想要杀我，但我却重用你，因为你让我的威信显布于天下。

曹操当即上表，推荐贾诩为执金吾，后来又封他为都亭侯。

贾诩对此并没有感到意外，他早就料到曹操会重用自己。但是，当看到曹操脸上的笑容时，他还是心生感慨：十年飘零，直到此时，自己才终于找到稳定的东家。

有了稳定的工作后，他尽心辅佐曹操。官渡之战爆发后，他充分发挥顶级谋士的特长，为曹操出谋划策，立下极大的功劳。有一次，曹军粮食吃完了，曹操向他请教。他说:

“您在精明、勇敢、用人、决断四个方面，都胜过袁绍。之所以相持这么久还不能取胜，是因为您总想面面俱到啊！抓住机会，您就能很快取胜。”

一席话点醒了曹操。后来，曹操抓住机会，偷袭乌巢，一举战胜了袁绍。

那一天，望着曹军漫天飘扬的旌旗，贾诩不由得大笑起来。

对于现在，他很满意。

权变

怎么让人按照你的想法做事？

很简单，断掉他所有退路！

只给他一个选择。

当你打算开展新项目，但合伙人迟迟不肯决定。

不要跟他谈思路、计划，而是转头去找甲方谈。

这样一来，合伙人会立刻拍板同意你的想法。

因为他已经别无选择。

为什么你说的话永远没有分量？

因为你总是给别人太多选择。

选择多，就意味着拒绝没成本。

荀攸

洞悉形势，击敌要害

建安五年（200 年）正月，袁绍向各州郡发出檄文，痛骂曹操，拉开了官渡之战的序幕。

曹操阵营虽然猛将很多，但兵力稀缺，兵马数量上远逊于袁绍。因此开战之前，曹操也有些忐忑。他问荀攸：“我们能打赢吗？”

荀攸说：“袁绍虽然兵多将广，但他心胸狭窄，不能容人。这一战，我们必胜。”

说完，两人相视而笑。曹操笑是因为心中稍微安定，而荀攸笑则是因为自信。他相信，如果曹操能在战场上充分信任自己，那么，胜的概率很大。

他有这个信心。

三年前，张绣投降后又突然反叛，杀死了曹操的长子曹昂和侄子曹安民。曹操损失惨重，挥兵去找张绣报仇，荀攸随行。

开打之前，作为首席谋士，荀攸明确地分析了当时的客观形势，向曹操提出了自己的建议。他认为，张绣和荆州的刘表抱团取暖，只是相互利用，这种形式的合作一定不会长久。如果把节奏放慢一点，等他们之间的关系出现裂痕，再发起进攻，就能事半功倍。而如果一开始就猛烈进攻，反而会促使他们死死抱在一起，更难将他们打败。

只可惜，曹操被愤怒冲昏了头脑，没有听从荀攸的建议，一上来就猛攻猛打。结果，刘表突然发兵救援，曹军失利。曹操这才意识到自己犯了错误，慌忙跟荀攸赔不是，并向他请教如何才能打败张绣、刘表联军。

荀攸没有计较曹操的不信任，帮他出谋划策，设下奇兵，果然很快击败张绣、刘表联军。

建安三年（198 年），曹操发兵征讨吕布。吕布抵挡不住，节节败退，退到下邳城中，想做最后的挣扎。下邳城城池高大，易守难攻，吕布固守不出，曹军也没有办法。接连打了几个月还没有打下来，曹操便心生退意。

荀攸看得透彻，就对曹操说："吕布这个人，有勇无谋，目前已经被打得害怕了。主帅都这样了，军队肯定也没什么斗志了。陈宫虽然有智谋，但是反应比较慢，咱们应该趁着他们没有反应过来之前，一鼓作气拿下他们。"

这一次，曹操很聪明地听了荀攸的建议，引沂水、泗水灌城，很快就攻下下邳城，生擒了吕布。

这些战事的胜利，就是荀攸的信心所在——他相信在官渡之战的战场上，自己能够洞察敌人的策略和行动，找到破敌的突破口。当然，他也相信，曹操会听从自己的建议。主公纳谏，谋士尽责，这才是战争取胜的关键。

事情果然如他想的那样。官渡之战一开打，袁绍就先派出了大将颜良围攻白马，给自己的大军渡河创造有利条件。

眼见白马被围，曹操亲自率领大军北上救援。

荀攸作为主要谋士，根据当时的客观形势，很快提出了"声东击西，解救白马"的作战方略——分出部分兵力，到延津佯装渡河去袭击袁绍的后方，然后再派一支骑兵精锐进攻白马的袁军。

这一招果然奏效。袁军以为曹军想要渡河，赶紧出兵阻击，白马空虚。而关羽和张辽则率领骑兵袭击白马，解了白马之围，关羽更一举斩杀了颜良。

袁绍见颜良身死，心中气苦，立即派大将文丑追击曹操。当时，曹操正亲自率领近六百骑兵押送粮草辎重，没走多远，就被文丑率领数千骑兵追上了。

敌众我寡，曹军将领们都很害怕，纷纷劝曹操退守大营。

荀攸却笑着对曹操说，这是歼敌的好时机，为什么要退呢？曹操会意，命令士兵们解鞍放马，丢弃辎重，佯装溃逃。等到袁兵放弃追赶，争先恐后去抢辎重时，曹军突然杀了个回马枪，再次大破袁军。这一次，文丑也被斩了。

荀攸的老辣，不仅在于对局势的了解，还在于对人性的掌控。官渡之战对峙阶段，双方的粮草都将用尽。荀攸根据情报，发现袁军的运粮队伍将要到达，就对曹操说："袁绍运粮车一天之内将要到达，负责押运的将领韩猛虽然精干，但容易轻敌，袭击他可以取胜。"

曹操相信荀攸的判断，并在荀攸的建议下，派徐晃去劫袁军的运粮队伍。果不其然，徐晃轻松地打败了韩猛，并放火烧了袁军的粮草，暂时抹平了双方在后勤供给上的差距。

荀攸不仅看敌人精准，看自己人也很精准。官渡之战的最后阶段，许攸前来投降，透露了袁绍的屯粮位置和守将情况，并建议曹操亲自率领精锐去偷袭。这虽然是个绝佳的奇袭机会，但将领们都觉得太过冒险，不建议曹操亲自前去。

荀攸却力排众议，劝曹操要抓住这个争取胜利的好机会。当然，最重要的是，他看得出来，许攸是真心归降。

对于荀攸的建议，曹操自然深信不疑。他果断率军奇袭乌巢，斩杀淳于琼，大败袁军。乌巢之战的胜利，奠定了曹军官渡之战胜利的基础。

只不过，对于荀攸来说，官渡之战也只是一次小小的胜利。他的人生，会有更大的舞台。

善于权变，且能洞悉人心，无疑抓住了成事的命脉。

权变

古代有一个年轻人，打算做绸缎生意，但没有本钱。

他苦思冥想数日，有了一个好主意。

他到临县，花小钱雇了几个乞丐。

乞丐们到处宣扬，说周员外的公子要来本地开绸缎庄。

这个周员外是当时州府内首屈一指的大富豪。

消息开始发酵后，年轻人便开始筹备开店事宜。

当地人便以为，年轻人就是周员外的公子。

当地商人、地主等为了攀上周员外的高枝儿，纷纷给年轻人开绿灯。

年轻人越解释自己不是周公子，越让人觉得他是“此地无银三百两”。

没过多久，年轻人的绸缎生意便做起来了。

形势不利于自己，那便人为造势，方能无往不利。

郭嘉

洞察人心，规避风险

对于郭嘉，曹操是极恩宠的，不仅因人设岗，专门为他设立了“军师祭酒”的官职，更是走到哪里都带着他。官渡之战爆发后，曹操更是将郭嘉摆在了谋士中的首要位置。

因为，郭嘉不仅有谋略，还懂心理。

在曹操团队中，郭嘉第一次崭露头角，引起曹操的重视，是因为刘备。当时，刘备被吕布打败，不得已投奔曹操。谋士程昱向曹操建议杀死刘备，以绝后患。曹操又问郭嘉的意见，郭嘉说：

“刘备落难而来，杀他有损您的名声。您难道忘了当年诛杀边让，以致张邈、陈宫作乱的事情了吗？”

他建议曹操不杀刘备，以免遭人非议，但必须软禁他，因为刘备有争夺天下的志向。他看人极准，而且据此为曹操想出了最佳的解决方案。只可惜，曹操生性多疑，况且那时还没有对他产生足够的信任，因此既没有采纳程昱的意见，又未全然采纳郭嘉的建议。

结果，建安四年（199 年），袁术试图北上投奔哥哥袁绍。刘备抓住机会，主动提出替曹操到徐州拦截袁术，曹操没有细想便同意了。而刘备这一走，竟然如蛟龙入海，再也不回来了。

当时郭嘉不在，回来后大吃一惊，对曹操说：“放备，变作矣！”

他说对了。刘备走后，很快夺了下邳，杀了徐州刺史车胄，并且举兵对抗曹操。

郭嘉的老辣之处在于，不仅能看透敌人的心理，也能摸清自己人的心理，并制定相应的策略。

官渡之战前夕，面对如日中天的袁绍大军，曹操明显信心不足。其实不只是曹操，整个曹军内部军心都不稳，一些郡县甚至暗暗在向袁绍靠拢。仗还没有打，士气已经有所动摇。

郭嘉很快就看出问题所在。为了激励曹操以及曹军将领，他提出了著名的“十胜十败论”。

嘉窃料之，绍有十败，公有十胜，虽兵强，无能为也。

——《三国志 · 郭嘉传》

他从政治措施、政策法令、组织路线，以及个人修养等方面，分析了曹操和袁绍双方的优劣和胜败的可能性，提出了十个曹军能取胜的理由和十个袁军将战败的理由。这篇论述，不仅稳定了军心，鼓舞了士气，也为曹操提供了战略指导。

官渡之战中，郭嘉凭着高超的心理把控能力，一次又一次预测对手的行动，为曹操立下了汗马功劳。从袁绍到刘备，再到孙策，全都在他的“神预测”中栽了跟头。比如——

建安五年（200 年），官渡之战即将开始。曹操想要迅速征讨刘备，但又担心军队出动后，袁绍在后面偷袭。

郭嘉从人性、心理等方面，做出了正确判断。他认为，袁绍做事迟缓，且性格多疑，出兵一定不快。而刘备刚刚崛起，人心不稳，如果曹操能迅速出兵，必然能将刘备一举打败。

曹操听从郭嘉的建议，迅速发兵攻打刘备。结果也和郭嘉所料的一样，直到刘备兵败，袁绍都没有任何动作。

对于孙策的性格，郭嘉摸得也很透彻。官渡之战相持阶段，孙策想要趁机渡江，袭击曹操的大本营许都。曹操和手下的将领听到这个消息后都很惊恐，他们在前线应对袁绍已经十分吃力，根本无暇顾及许都。

可是，郭嘉听后却十分淡定。他认为，孙策刚刚吞并江东，杀了很多英雄豪杰，这些英雄豪杰手下的人一定会找其报仇。而孙策这个人，虽骁勇善战，但十分自负，一定会疏于防备。因此，孙策一定会有很多麻烦，甚至可能会死在一个普通人手中。

“策新并江东，所诛皆英豪雄杰，能得人死力者也。然策轻而无备，虽有百万之众，无异于独行中原也。若刺客伏起，一人之敌耳。以吾观之，必死于匹夫之手。”

——《三国志·郭嘉传》

这一次，他又言中了。孙策还没有过江，就死在了许贡门客的手中。当孙策的死讯传来时，曹操阵营的人都惊呆了——这预测，也太神奇了！

郭嘉却淡定地捋须一笑：小事一桩，何足道哉！

权变

在困难的局势中，要懂得抓住矛盾，利用矛盾。

一对小情侣开车到一条窄路，结果被一辆违停车辆挡住。

二人下车理论，反被违停车主大骂、羞辱。

男友灵机一动，不再与其辩驳，将车停好就带女友去买奶茶。

等他回来时，道路已经被堵得水泄不通。

愤怒的车主们让他快点把车开走。

男友说：“前面这辆车违停，我也走不了啊！”

这下好了，矛盾一下转移到了违停车主的身上。

面对众人的怒火，违停车主只好道了歉，悻悻地把车开走了。

人生如棋局，不停对弈。谁能抓住矛盾核心，谁就能赢得博弈。

曹操

知人善任，从善如流

建安四年（199 年）六月，当听说袁绍挑选精兵十万，战马万匹，浩浩荡荡向许都进发时，曹操惊得跳了起来。

他害怕了。因为他手里满打满算，也只有两万余兵力，又如何对抗袁绍的十万精兵？但是，作为集团的掌舵者，他不能退缩。

既然退无可退，那就打吧。

曹操收摄心神，开始为接下来的苦战做准备。他很清楚，相较于袁绍大军，自己面临着三大难题：

一是物资短缺。他所占领的大河以南地区，地盘不大，又是战略要地，在战火的不断摧残下残破不堪，还没有完全恢复，战略物资远逊于袁绍。二是兵力短缺。他能够调动的兵力，只有区区几万人，远逊于袁绍大军。而且其中还有很多伤员，战斗力自然无法跟袁绍大军相比。三是人心不稳。袁绍举兵南下的消息传到许都，曹操紧张，部将们也紧张，许多人都认为袁军强不可敌。在这种情况下，投降声四起，军心自然不稳。

曹操这个人，行事老辣，韧性极大。虽然心中害怕，但既然决定对抗，他就打算一抗到底。更何况，他一直认为袁绍志大才疏，胆略不足，且刚愎自用，兵虽多却不善指挥，是个十足的花架子。这样的对手，谁说不能战胜？

曹操最强大的地方，不仅在于智谋，更在于用人。他能用人，善用人。

眼见仗还未打，军中就士气低落，他急忙寻求对策。恰在这个时候，谋士郭嘉为鼓舞士气，提出了重要论断“十胜十败论”，里面列出了十个曹军必胜的理由和十个袁军必败的理由。郭嘉的分析很有说服力，不仅能振作曹军斗志，更能帮曹操梳理近期和远期的作战目标。

曹操大喜，当即奖赏郭嘉，并公布“十胜十败论”，军中士气大振。

趁着军中士气高涨，曹操率领大军北渡黄河，探入袁绍境内，进抵冀州门户黎阳，探查敌情并扰乱敌人视线。同时，他还在前线部署了四路人马，拉开了官渡之战的序幕——

第一路人马，臧霸等人率领精兵，从琅琊向北，攻入青州，攻破齐郡、北海、东安等地，从东面牵制青州的袁军；

第二路人马，河内太守魏种率兵在河内布防，阻挡并州高干南下，从西面牵制袁绍；

第三路人马，程昱兵驻鄄城，保障曹军右翼安全；

第四路人马，需要安排在延津渡口，从正面抵挡袁绍大军。这个位置相当重要，曹操没有指派，而是环顾四周，问身边的将领："这项任务，你们谁敢揽下？"

平虏校尉于禁站了出来，自告奋勇："我曾为陷阵都尉，每战必前，此战当不例外。"

曹操哈哈大笑，表示早在意料之中，当即布置任务，让于禁率领两千精兵，留守延津。作为最高指挥官，曹操熟知每位将领的性格，当然不会头脑一热，就胡乱安排他们的位置。他把知人善任，用到了极致。

建安五年（200 年）二月，袁绍派大将颜良围攻白马，以掩护袁军主力渡河南进。在这个关键时刻，曹操再一次从善如流，选择听从谋士荀攸的建议，声东击西，分散敌军兵力，作出率主力渡河，意欲攻击袁绍后方的动向。袁绍果然中计分兵，派兵西去应战。

曹操见袁军上钩，赶紧派出张辽、关羽等大将，集中兵力攻击白马的颜良。这一战，袁军大败，颜良死在关羽刀下，白马之围得以解开。

取得一些胜利后，鉴于袁军强盛，曹操率军主动回官渡，打算择机再战。八月，袁绍率军向官渡推进，曹操分兵相拒。两军对峙了一段时间，多次交战，互有胜负。袁绍仗着兵多将广，将军队一步步往前推进，临近官渡，然后又筑土城向城内射击。

僵持久了，曹军缺兵少粮，不免士气低下，曹操甚至都有了放弃的念头。

他写信给荀彧，说了自己的打算。但荀彧却坚决反对，对他说：“袁绍倾巢而出，想要跟您一决胜负。您实力虽不如他，但也打了这么久。这一仗如果不能取胜，以后必定受制于人。袁绍只是一个普通人，您雄才大略，再坚持坚持，一定能取胜！”

他相信荀彧的判断，于是坚持了下来。他相信，只要时机到了，定然能够出奇制胜。

时机果然来了。十月，袁绍派大将淳于琼押送军粮至袁军大营后方的乌巢。监军沮授建议增兵守护，谋士许攸建议轻骑袭击许都，但都被袁绍拒绝了。许攸失望，愤而投奔曹操，同时献计偷袭乌巢。

刚刚从袁绍那里过来的降将，能轻易相信吗？曹操手下的将领，大部分都持怀疑态度，认为此人有诈，不能轻信。唯独荀攸、贾诩劝曹操听从。在这个关键时刻，曹操选择用人不疑。

最终，他亲自带领五千人马，连夜奔袭乌巢，放火烧掉了袁绍的粮草。

而从这刻起，胜利的天平已经开始倾向曹操了。

权变

知人善任的核心点，在于“三放”。

放手：对有能力的员工，舍得放权，让其有自主裁决的空间。

放水：愿意提点和辅助员工，帮助他取得一定成果，助其建立信心。

放心：建立与员工之间的共识，确保管理者与员工之间的和谐。

管理的重点，不在于自己手里抓住了多少，而在于自己放下了多少。

沮授

见微知著，精准预判

建安四年（199 年），曹操亲自率兵，攻下河内郡，把手伸到了黄河以北。

袁绍很生气：河内是我的势力范围，河内太守张杨的部将眭固本来也是要投靠我的，你曹操横插一手算怎么回事？当我好欺负是吧？

袁绍越想越气，于是在打败公孙瓒后，马不停蹄地集结十万精兵，把矛头对准了许都，战事一触即发。只不过，在这个节骨眼上，有人却跳出来反对了。

反对的人是沮授。沮授虽然是袁绍身边的顶级谋士，却很喜欢跟袁绍唱反调。而且，这种事他干过很多次了，比如前几年那次——

袁绍很喜欢三儿子袁尚，便让其跟着自己治理冀州，想要作为接班人来培养。可大儿子、二儿子怎么办？他大手一挥，把大儿子和二儿子分别“扔”到了青州和幽州。他想得很好，三个儿子各自镇守一方，袁家的统治会更加牢固。

这虽然是袁绍的家事，可沮授却坚决反对。他认为，袁绍把儿子们分别放在不同的地方掌权，容易酿成诸子夺位的惨剧，建议袁绍收回成命。

袁绍脸都气白了，骂出声来：“你只是个谋士，管得也未免太宽了吧！”因为太生气，他连着好几天没有给沮授好脸色。

今天，十万大军刚集结完毕，沮授却又跳出来唱反调了。他反对的理由也很充分——咱们刚打完公孙瓒，国库空虚，不能贸然再次发动大规模战事，而应该充分利用军力优势和地理形势，对曹操进行持久战。

> “近讨公孙，师出历年，百姓疲敝，仓库无积，赋役方殷，此国之深忧也。宜先遣使献捷天子，务农逸人。若不得通，乃表曹操隔我王路，然后进屯黎阳，渐营河南，益作舟船，缮修器械，分遣精骑，抄其边鄙，令彼不得安，我取其逸。如此可坐定也。”
>
> ——《后汉书 · 卷七十四上》

沮授认为，袁军要在战略上和曹军对峙，给曹操足够的压力；在战术上分遣精兵，不断骚扰，让曹操不得安宁。这样，三年就可以使曹操大军疲惫，轻松夺得天下。

袁绍正在犹豫，郭图却跳出来说：“以袁公之神武、河朔之强众，讨伐曹操易如反掌。如今不灭曹，以后的图谋就会有困难了。”

这一记马屁，拍得袁绍极为受用，也就信了。他大手一挥，选择继续出兵攻打曹操。同时，他还听从郭图的建议，让沮授与郭图、淳于琼各典一军。分掉权力，这表示他对沮授已经不信任了。

沮授的心情很沉痛。袁绍不信任，他不在意，权力被削减，他也不在意。但眼见袁绍将输，梦想将破，他还是忍不住难过。回到家里，他又干了一件大事——

集合宗族，散发钱财，让族人另投他处。

他的弟弟觉得奇怪，问他：曹操的兵力比我们差得远了，哥哥何必惧怕呢？

沮授说：“曹操雄才大略，况且还有挟天子的资本。我们虽然消灭了公孙瓒，且军力强盛，但军士疲惫，将军骄横，军队的破败正在于这一次举动。”

他还有一点没有说出来，那就是袁绍刚愎自用，不能容人。凭着独到的战略眼光，他早已预判了大战的结局。

不过，虽然对袁绍很失望，他还是尽心出谋划策，提出意见和建议，他想用自己的力量竭力扭转颓势，帮袁绍战胜曹操。只可惜，他的良苦用心，依然没有被袁绍看到。

官渡大战初期，袁绍准备派大将颜良进攻白马。沮授从颜良的性格判断出，他不能胜任这项任务，就对袁绍说：“颜良心胸促狭，虽然勇猛但不可独任。”沮授反对颜良独自领兵。

袁绍不听，仍把颜良派了出去。结果，颜良出去没多久，就被关羽斩杀。

袁绍率领大军南下渡黄河时，沮授又出来阻拦：“我们应该留守延津，分兵进攻官渡。如果打胜了，就继续增兵官渡；如果打败了，大军也可以安全撤离。”

这条计策老辣稳重，进可攻，退可守。只可惜，袁绍不待见他，仍然没有采纳他的建议。

他心里有气，对着黄河发牢骚，说不知道自己会死在哪里。不仅如此，他还称病拒绝工作。这事传到袁绍耳朵里，袁绍也生气了——你这是大臣吗？分明是大爷！袁绍越想越生气，干脆收了他的兵权。

事实证明，袁绍又错了——袁军渡河后，在延津被曹操当头痛击，连大将文丑也被杀了。按说这个时候，袁绍应该痛定思痛，想起沮授的好。可还没等他想起来，沮授就自己又跳了过来。

沮授当然又是来为袁绍出谋划策的。他性格耿直，不善隐瞒自己的观点，虽然屡屡被袁绍针对，但忠诚度依然很高。凭着高超的战略眼光，他很快就为袁绍找到了突破口。他对袁绍说：“将军，再打下去要输，咱们不打了。河北地大物博，咱们可以凭借地理优势，耗死曹操。”这条建议，无疑是败中求胜的好计。只可惜，袁绍对他的信任已经降到了冰点，自然也不会听从他的建议。

沮授知道，这场大战，已经没有胜的可能了。

权变

胜利者永远不会胜在投机取巧，而是懂得运用自己的优势。袁绍就错在用自己的短处去碰曹操的长处。

如果你的嘴笨，就不要跟人去比口才。

如果你怕水，就不要跟人去比游泳。

靠运气的人，赢不长久。

只有不断强化自己的优势，利用自己的优势，才能稳坐泰山。

第六章

赤壁烽火

合作与对抗：合作是手段，不是目的

当曹操击败袁绍一统北方后，随之便要展开一统天下的大业。曹操想要一统天下，便不得不与刘备、孙权这两位当世人杰正面交锋。激战的烽火迅速燃烧，从长坂坡到夏口再到江东，三方的博弈愈演愈烈。直到曹操与孙刘联军决战于赤壁之上，心计、诡术、谋略、兵法，老辣之人的老辣手段集中爆发，于波澜壮阔之上，演绎惊心动魄的术道长歌……

鲁肃

审时度势，借势而为

建安十三年（208 年）七月，曹操在南阳集结大军，准备南征。

收到消息后，江东高层一片哗然——担心、恐惧、茫然，各种情绪在朝堂之中蔓延。谁都知道，曹操来者不善；也都知道，曹军声势浩大，以江东之力很难与之抗衡。怎么办？

鲁肃环顾四周，摇了摇头，长叹一声。他知道，这场仗恐怕要打得很艰苦了。除非，有什么好的契机出现……有吗？当然有。

同年八月，刘表病死。

听到刘表病死的消息，鲁肃知道，自己想要的契机终于来了。他立即找到孙权，进言：

“荆楚之地与我们江东邻接，顺水而往可达北方，外连江、汉，内隔山陵，城池有如金属铸成一样坚固，沃野万里，士民富足，如果占据这块地盘，就是打下了帝王之业的基础。如今，刘表死了，他的两个儿子素来不和，我们的好机会来了。”

他精准地预判到，这是个突破口——

刘表的两个儿子一向不和，军中的将领也分为两派。刘备虽然能干，但不受刘表重用。如果刘备与刘表的儿子们齐心协力，就应好好安抚，与他们结盟。如果刘备与刘表的儿子们离心离德，就想办法拉拢其中一方。无论怎样，最终都能为江东拉来盟友。

这样好的机会，怎么能错过？

于是，在征得孙权同意后，鲁肃立即动身前往荆州吊丧。

只是他没有料到，自己紧赶慢赶还是慢了一步——他刚到达南郡，刘表的儿子刘琮已经投降曹操，并献出了荆州。而刘备因为与曹操不和，正带着自己的人马向南撤退。

原计划落空，怎么办？作为孙权身边的顶级谋士，鲁肃最老辣的地方是对形势的准确把握。得知刘琮降曹，刘备南撤，他立即做出一个大胆的决定：找到刘备，说服对方联合江东抗曹。他相信，凭着自己的三寸不烂之舌，一定能把刘备拉进抗曹阵营。

事实证明，他预判得很准——刘备很快就在他的言语攻势下，答应了合力抗曹。他不费一兵一卒，就为江东拉来了一个强有力的盟友。

但刘备的加入，并不能消除江东上下对曹操的恐惧。毕竟，两只强壮的狼就算联手，也很难打得过一只凶猛的虎。面对蓄势待发的曹军，江东的将领们许多都胆战心惊，劝孙权投降。

唯有鲁肃一言不发。

不说话，是因为他心中早就有了主意。

孙权出去时，他追了出来，说："我听了众人的议论，发现他们是想让您犯错，不值得与他们谋划大事。我可以投降曹操，您却不能。为什么这么说呢？我投降曹操，还能做个小官，再慢慢升迁。您如果投降，那曹操该如何安置您呢？您要早做打算啊！"

> "将军迎操，欲安所归乎？愿早定大计，莫用众人之议也！"
>
> ——《资治通鉴》

孙权听完，大受感动，抓着他的手说："你阐明长远大计，与我的想法一致，这是上天将你赐给我啊！"

看到孙权表态，鲁肃悬着的心终于放了下来。但他也知道，这还远远不够，坚定信心是一回事，能不能打得过是另外一回事。毕竟，军力、军心、主帅、谋略，这些因素都会影响战争走向，他虽然长于谋略，但不擅长带兵打仗。

于是，他又趁热打铁向孙权提出建议：召回周瑜。

鲁肃这个人，不仅有高超的谋略，还有容人的胸襟。他知道在带兵打仗方面，自己远不如周瑜，于是便毫不犹豫地劝说孙权召回周瑜，丝毫不在意昔日老友会抢自己的风头。

果然，周瑜回来后，就被孙权当作军事总指挥。而鲁肃，则被任命为赞军校尉，帮助周瑜出谋划策。

虽然在地位上不如周瑜，但鲁肃还是笑了，如释重负。

他知道，这场战事，稳了。

权变

有个人叫张三，平日节俭，茶叶只买最便宜的。

城里新开了家茶店，张三去买茶叶，老板免费送给他半两好茶。

张三自己舍不得喝，将好茶攒着待客，客人喝完都赞不绝口。

一天，张三实在忍不住诱惑，泡了壶好茶，一喝竟然上瘾了。

喝完免费的好茶，张三便不愿再喝最便宜的了。

而不管他买多贵的茶叶，老板总送他半两更好的。

半年下来，张三花在茶叶上的钱是原来的十倍还不止。

许多顾客有贪便宜、贪赠品的心理。作为商家，可以借此顺水推舟，往往会客源不断，生意兴隆。

诸葛亮

深谋远虑，舌锋如刀

建安十三年（208 年），曹操率领二十万大军南下荆楚。刘琮心中害怕，派出使者向曹操表达了投降的意思。

听到这个消息，诸葛亮暗暗高兴，对刘备说："主公，好机会啊！我们现在攻打刘琮，就可以趁机占领荆州，对抗曹军。"

可刘备却摇头拒绝："刘表对我有恩，我不能这样做。"

诸葛亮长叹一声，不再说话。他知道，这个好机会一旦失去，天下虽大，想再找到一块安稳的根据地会很难。可是，他却不能再劝刘备，因为刘备的"仁"，也是他看重的优点。

既然无法劝说，那就一起另想办法吧。

眼见曹操大军南下势不可当，诸葛亮只好跟刘备一起，组织军队和百姓向南撤离。可是，他却高估了这支队伍的撤退速度。队伍刚刚走到当阳长坂，就被曹军追上。

毫无悬念，曹军一轮冲杀，就把刘军杀得溃不成军。

怎么办？

诸葛亮与刘备商议，打算投奔苍梧太守吴巨。而在这个关键时刻，一个人的到来，让诸葛亮有了新的计划。这个人是鲁肃。

鲁肃提出，刘备可以和孙权联合，共同抗曹。

诸葛亮眼光毒辣，立即意识到，这是一个绝佳的机会。江东的军力虽然比不上曹军，但孙权是个很好的盟友。与其投奔别人寄人篱下，为什么不联合孙权，共同对付曹操呢？打赢了，翻身做主人；打输了，再去投奔吴巨也不迟。

诸葛亮立即劝刘备答应鲁肃，联合孙权，共同抗曹。随后，他同鲁肃一起，前往柴桑见孙权。

作为刘备身边的顶级谋士，他心里很清楚，最难打的"仗"，是在见到孙权后。

孙权是江东的掌舵人，虽然实力比不上曹操，但也是一方诸侯，愿意与连稳定地盘都没有的刘备联合吗？即便愿意联合，双方是什么关系？从属还是平级？这一切，都将取决于诸葛亮。

这一刻，诸葛亮出奇地冷静。

与此同时，与诸葛亮的冷静相反，孙权的心中却极为焦虑。因为，他刚收到了曹操的一封信，信上说：

“我最近奉朝廷的旨意，讨伐有罪之人，率军南下，刘琮已经束手就擒。现在我率领八十万水军，正要与将军在东吴会猎。”

这封信，不仅使孙权心烦意乱，更是在一众文臣武将中引起恐慌，很多人纷纷主张投降曹操。面对曹操强大的军事力量，孙权心里也没有底。他既不忍心将父兄基业拱手让人，又担心不是曹操的对手，一时间左右徘徊，拿不定主意。

在这个关键时刻，诸葛亮跟着鲁肃来了。

诸葛亮见到孙权，察言观色，一下就看透了孙权的矛盾心理。于是，他单刀直入，把曹操、孙权、刘备三方的处境进行了分析：

现在天下大乱，将军您起兵占据了江东，刘豫州“收众汉南”，与曹操形成了争夺天下的局面。如今，曹操基本平定了北方，又南下攻破了荆州，威震四海。刘豫州英雄无用武之地，才到了今天这种地步。

接着，他直接给了孙权两个选择：

> 将军量力而处之：若能以吴、越之众与中国抗衡，不如早与之绝；若不能当，何不案兵束甲，北面而事之！今将军外托服从之名，而内怀犹豫之计，事急而不断，祸至无日矣！
>
> ——《三国志·诸葛亮传》

面对雄霸江东的孙权，他果断采用了激将法——你如果觉得能凭借吴、越兵力与曹操争雄，那就早点翻脸，开始谋划抗曹；如果自认不敌曹操，倒不如停止军事对抗，向曹操称臣。这样犹犹豫豫，一定会惹来祸事！

孙权什么时候受过这样的质疑，黑着脸问："如果像你说的那样，刘豫州为什么不选择投降？"

见孙权动怒，诸葛亮笑了起来，这正是他所要达到的效果。他说："田横不过是齐国的一个壮士，却能坚守道义而不肯受屈辱。何况刘豫州是皇室的后代，英才盖世，又怎么能够屈居人下呢？"

这句话说完，孙权更怒了——刘豫州是英雄，不能屈居人下，我孙权就能吗？他愤然说："我不能拿我们东吴的全部土地和十万大军，去受别人管制。我已经下定决心，与曹操决一死战！"

只用一招激将法，诸葛亮就坚定了孙权抗击曹操的决心，可谓老辣至极。可是，他还是不放心孙权，毕竟对抗曹操是件大事，破釜沉舟的决心很难下定。于是，当周瑜回来后，他又向周瑜下了一剂猛药。

他对周瑜说："我通过这几天的观察，发现孙将军还没有最后下定决心，他担心的仍然是敌我力量的悬殊。表面上他的态度比较坚决，但内心仍然犹豫不决，你还要再进一步说服他才好啊。"

周瑜一听，这还得了？他赶紧找到孙权，给对方吃了一颗定心丸："曹操虽然号称有大军八十万，但其实率领的中原兵不过十五六万，归降的刘琮兵众也不过七八万。再说，他的军队长期作战，早已疲惫不堪，虽然人数众多，有什么可怕的呢？"

这一席话，说得孙权眉开眼笑，当即就着手准备作战事宜。同时，他还大大方方派人给曹操送去了战书。

大战就这样在诸葛亮的口舌推动下，彻底爆发。

曹操调集全部兵马，从江陵出发，沿江东下。刘备也率领兵马与周瑜汇合，两军合在一起，统一由周瑜指挥。诸葛亮作为顶级谋士，便跟着周瑜，一同参谋军务。

正当周瑜调兵遣将之际，曹军内部却发生了一系列变故——

曹操生性多疑，先不由分说处死了打败仗的蔡瑁、张允，又打乱荆州水军的编制，让不懂水战的毛玠、于禁掌管水军。接着，因为士兵水土不服，纷纷生病，且不习惯水战，经不起战船颠簸，他下令将所有战船用铁链连在一起。

诸葛亮听到这个消息后，心中暗暗高兴。

他找到周瑜，两人在各自掌心，同时写出一个“火”字。周瑜笑了，他也笑了。

他知道，这一战，稳了。

权变

古代有位大夫，来到一个重男轻女的偏僻山村。

他打出招牌：

包生男孩秘方，一份十两。如若不灵，原价退还，赔偿二两。

村民们半信半疑，但很多人还是选择试试，毕竟这笔账怎么算都不吃亏。

很快，全村一百户人家，几乎家家都买了。

短短一个星期，大夫收入白银千两。

生男生女的概率几乎是持平的，所以，大夫稳赚五百两，再刨去赔偿金，大夫最终赚到手四百两。

只要会借势，就能四两拨千斤。

孙权

当断则断，知人善任

收到曹操派人送来的信时，孙权正在与一众文臣武将开会商讨对策。看过信后，他颓然坐下，一言不发。

良久，他缓缓抬头，问大家："这场仗，咱们还能打吗？"

他害怕了。因为曹操在信中写道——"现在我率领八十万水军，正要与将军在东吴会猎。"面对八十万曹军，他心里没了底气，怕不是曹操的对手，怕父兄基业被人夺去。"八十万"几个大字，让他如坐针毡。他虽然早早地将鲁肃派去了江夏，但能否拉来盟友还很难说。更何况，就算鲁肃能拉来刘备，江东就能抗衡曹军了吗？孙权心里很清楚，这太难了。

因此，当以张昭为代表的主和派纷纷主张投降曹操时，他不仅没有生气，反而有些心动。毕竟能活着，谁愿意去死呢？

但孙权的过人之处在于——沉稳。他任由主和派不停劝说，自己却不发表任何意见。他是主帅，一旦露怯，那江东就只有投降这一条路可走了。同时，他也在等，等一个契机，一个能让自己保全江东基业的契机。

很快，鲁肃就带来了这个契机。他带来了一个人——诸葛亮。

当诸葛亮侃侃而谈，将曹操、刘备和他三方的处境、实力进行比较分析时，孙权其实是下定了决心的。跟随哥哥孙策南征北战多年，他对战事的认知、眼光，并不逊色于诸葛亮。他清楚曹军、刘军和己方的优劣长短，也知道曹军远道而来疲惫不堪，但还是任由诸葛亮"说服"自己。因为他知道，合作关系越难达成，合作起来配合度才越高。

终于，他在诸葛亮的"说服"下，下定了联合刘备抗击曹操的决心。

孙权出身将门，身上天然带着一股悍勇之气。他知道，自己心里下定决心还不够，还要让所有的文臣武将看到自己的决心。于是，在议事厅中，他做了一件事——

他环顾四周，脸色冷峻，缓缓拔出佩刀，砍向面前的奏案，说："将领官吏们，有胆敢再说应当投降曹操的，就与这个奏案一样！"

这一刀，虽然是砍在奏案上，但也坚定了文臣武将们的决心，统一了思想。孙权知道，从这以后，就只有一条路可以走了。

与孙策相比，孙权的长处不仅在于果敢，更在于能用人、会用人。下定决心抗击曹操后，他立即听从鲁肃建议，召来了周瑜。他清楚自己的劣势，知道要想打赢这场仗，人才是第一要素。

因此，他重点做了四件事：

任命周瑜、程普分别为左、右都督，与刘备合兵，周瑜为军事行动的总指挥。

任命鲁肃为赞军校尉，帮助周瑜出谋划策。

筹集精兵三万，加上刘军两万，全部交由周瑜指挥。

连续召集兵勇、粮食，补充前线。

作为江东的最高领导者，孙权把知人善任、用人不疑做到了极致，给前线的周瑜最大的权力。做完一切后，他长舒了一口气，面色平静——该做的自己全都做了，剩下的，就只能看天意了。

建安十三年（208 年）冬天，天气阴沉，东风呼啸。孙权照例站在城楼上观看，忽然见江上浓烟滚滚，耳边听到众人的呼声：“曹操败了！曹操败了！”

他忍不住仰天大笑。

权变

用人的四大黄金法则：

一、对老人要“捧”。人老了，就只剩下回忆了，多捧着他，他就能为你所用。

二、要想知道一个人值不值得交往，那你就先冷落他一下，看看他的反应。

三、如果想知道一个人是不是小人，你就先做出牺牲，看看他是怎样对待你的牺牲的。

四、一个样样都不如你的人，你对他越尊重他越会报答你。

用人，要学会区别对待。

周瑜

多谋善断，心思缜密

收到孙权的召令时，周瑜正在鄱阳湖训兵。他拿着那封信，望着练兵场上的士兵，脸色逐渐变得阴沉起来。

忽然，他抽出佩剑对着身旁的老树猛地砍了一剑，嘴里恨恨地骂道："那帮主和派，可真该死啊！"骂完，他翻身骑上一匹马，急匆匆往回赶去。

他心中焦虑，因为如果回去晚了，孙权可能会动摇。

从孙权的信中，他得知以长史张昭为首的主和派，正在力劝孙权投降。他们说什么"曹操是豺狼虎豹，挟天子以征讨四方，今天我们如果进行抗拒，就名不正而言不顺"，还说"曹操水陆并进，声势浩大，我们已经没有长江天险的优势，最好的办法是迎接曹操，投降朝廷"。想到主和派的那些话，周瑜心中就一阵气苦——江东男儿的血性呢？这些人全抛到脑后了吗？

从信中，他也看到了孙权的犹豫。他很理解孙权的心态，毕竟，面对几十万曹军，换谁都不可能没有犹豫、没有顾虑。但是，他必须回去说服孙权。

一旦迎接曹操，投降朝廷，那江东基业就会毁于一旦。孙家几代人的努力也将完全付诸东流。他不能眼看着那样的事情发生，不能对不起孙策的临终嘱托。所以，他必须让孙权稳住阵脚，坚定抗曹之心。

一路上，他心里一直暗自分析曹、孙两军的优劣，考虑着如何说服孙权。

回到孙权身边，他以一个超级军事家的眼光，立即给孙权吃了一颗定心丸——一针见血地指出了曹操的四项劣势：

曹操率军南征，西凉马超、韩遂是其后方大患。

曹操向来善于陆战，如今他们舍弃鞍马，与我们在水上较量，是舍长就短。

天气越来越冷，曹军战线拉得很长，军需用度、战马所需草料都极为匮乏。

曹军远征作战，将士疲累，且水土不服，时间一久肯定会生病。

这一番分析，有理有据，让孙权疑云顿消。孙权并非想不到这些，只是听说曹操“八十万”大军压境，心中害怕，才自乱阵脚。此时周瑜的话，犹如天边的一颗明星，让他瞬间找到了方向。

孙权热血沸腾，坚定了抗击曹操的决心。

周瑜长长地出了一口气，他知道，最艰难的一关已经过了，于是主动请缨：

“咱们的人，一听说曹操有八十万大军，就吓破了胆，想要投降。实际上，曹操的北方大军不过十五六万人，而且已经疲惫不堪。收编的刘琮队伍，最多也就七八万人，而且他们的心并不向着曹操。给我五万精兵，我就能打败他们！”

江东五万精兵真能打败曹操的军队吗？周瑜心里其实也没底，但此时，他必须放出豪言，让孙权安心。这是他的独到之处，胜人者有力，自胜者强。

孙权心花怒放，当即任命他为左都督，指挥全军，程普为右都督，鲁肃为赞军校尉，率领三万精兵，进驻长江南岸的赤壁，与江北的曹军隔江对峙。孙权不是不想给他五万精兵，只是一时间难以凑齐，但许诺后续会源源不断地调集人马，多运军械、粮草等物资，作为后援，让他在前线可以放心打仗。

有了后方的全力支持，周瑜信心大增。不过他这个人做事一向稳健，虽然孙、刘联合起来的兵力差不多有五万，且熟悉水战，但他一直按兵不动。有些将领沉不住气，想主动出击，他都拒绝了，只是派出少量兵力进行试探。

他在等一个机会，一个可以绝杀的机会。

机会终于来了。从俘虏口中，他知道曹军因为远征作战，水土不服，军中瘟疫开始蔓延。这和他预料的一样，他知道，孙刘联军有了取胜的机会。

他果断出击，与曹操新编的水军打了一场硬仗。虽然曹操的水军在人数及战船数量上占了优势，但瘟疫横行，再加上新编水军及新归附的荆州水军难以磨合，士气不足，被打得大败而归。这一战，周瑜大获全胜，心中高兴。

更让他高兴的还在后面。依仗灵敏的战场嗅觉、卓越的军事经验，他很快就发现曹军的一个致命弱点——所有舰船竟然首尾用铁链相连。

原来，曹操为了让北方士兵习惯，减少战船颠簸，于是下令将战船首尾相连。这样一来，人走在船上，如履平地。周瑜敏锐地发现，这是一个绝佳的突破口。

他想到了火攻。刘备阵营中的诸葛亮也想到了这个办法，两人一拍即合，不由得相视大笑起来。他意气风发地对诸葛亮说：

“曹操既然把战船全都连接起来，那我们就来把火，让他的战船一艘也跑不了。这可真是天佑我们啊！”

火攻虽妙，但怎样才能用火烧船呢？

周瑜和老将黄盖商量，上演了一出诈降大戏。黄盖先派人送信给曹操，谎称打算投降。当时东南风正急，黄盖率领数十艘小船，船上装满草，灌满油，借着猛烈风势，直进曹营。

曹操军中的官兵以为黄盖来投降，都出来站着观看，并不阻拦。哪知黄盖送给他们的，是一份“大礼”。当小船离曹军还有二里多远时，数十艘小船同时着火，像箭一样冲向曹军战船。一时间，曹军阵营浓烟烈火，遮天蔽日，曹军人马烧死和淹死的不计其数。

周瑜站在江对岸，望着烈火滚滚的曹军阵营，不由得仰天长啸。这场仗，终究是要打赢了。

权变

遇事要时刻保持冷静，学会从困境中发现机会。

司机的车不小心陷进了沟里，联系人拖车。

结果对方漫天要价，开口便要两千元钱。

司机一口回绝，并点了10份外卖。

等外卖小哥到齐后，看到车陷进沟里，便主动帮忙抬了出来。

司机请他们吃了外卖，并给了每个人五星好评。

外卖小哥走的时候，不停向司机道谢，说碰见了好人。

祸兮福之所倚，福兮祸之所伏，便是这个道理。

第七章

刘备入川

君子豹变：莫信直中直，须防仁不仁

赤壁之战后，曹操横占北方，孙权雄踞江东，刘备坐拥荆州四郡。与此同时，之前作壁上观的天下英豪，此刻终于不再沉默，纷纷落子下注。益州牧刘璋在谋士张松的建议下，与曹操割裂，派使者法正与刘备商谈结交。法正认定刘备有雄才大略，便与张松密谋拥立刘备为益州之主。一场你中有我，我中有你，稍有不慎便万劫不复的暗战大戏，在益州缓缓拉开帷幕……

刘备

以退为进，步步为营

刘备终于有了扬眉吐气的感觉。

赤壁之战后，他再也不是漂泊无依的“无家”之人，而是逐渐有了自己的地盘，有了一些与曹操、孙权争夺天下的资本。

但资本只有“一些”而已，还远远不够。

赤壁大战，曹操惨遭失败，不得已只好率领大军北走，以避开孙刘联军的锋芒。周瑜率领水军乘胜追击至江陵，与曹仁对峙，待其退兵后占据江陵，孙权率领后备军趁机进驻江夏，打来打去，形势逐渐明朗，最后的结果是——

曹操占据荆州北部的南阳郡和南郡的一部分，孙权占据南郡的大部分和江夏，而刘备借着胜利的余波，如秋风扫落叶般夺取了武陵等四郡，并在攻占长沙郡一战中再添一员虎将黄忠。同一年，刘琦病死，他顺利地成了荆州牧，实力大增。

虽然终于有了稳定的地盘，但相较于曹操和孙权，刘备的地盘还是小得可怜。而且最重要的是，他的这些地盘还多为交通不便、物产不丰的蛮荒之地。这样的地方，很显然，不能成为开创基业的根据地。

那么，哪里才合适？刘备看了看身侧的诸葛亮，两人相视一笑。

是的，在隆中的时候，诸葛亮已经为他规划好了战略目标——入川。在这群狼环伺的乱世之中，他要带着将士们一步一步扩大地盘，进入益州。相较于荆州的荒凉残破，益州更为富庶，是理想的根据地。

可是，入川却并不容易。因为，入川的关键通道掌握在孙权手中。

虽然如今孙刘是盟友关系，可孙权能放任自己入川吗？显然不能。因为益州富庶，孙权也垂涎已久，甚至与周瑜早早地制订了西征入蜀的计划。因此在这件事上，孙刘不再是盟友，而是竞争对手。

硬抢？有些将领提出“硬抢”的策略，但被刘备否决了，还斥责他们：“背弃盟友是为不仁，再说以我们现在的实力，抢得过人家吗？”他看得很透彻，硬抢，绝对是下下之策。

实际上，他心中已经有了主意，那就是——借。

借南郡，入益州。

刘备这个人，性格宽厚仁慈，看似不够果断，实则极为老辣。他不仅娶了孙权的胞妹，与孙权形成事实上的姻亲关系，还不断向江东示好。当然，他向孙权借南郡，打的是抗击曹操的名义。

不过，他的谋划虽好，但江东的孙权、周瑜等人都是“人精”，又岂能不明白他的打算？他们知道，虽然借南郡可以让孙刘两家关系更密切，有利于对付曹操，但也会让刘备的势力慢慢增强。孙权自然不愿意看到这些。

于是借南郡这件事，始终没有达成。刘备心中焦虑，但也无计可施。好在不久之后，事情就出现了转机。

建安十五年（210 年），周瑜在江陵附近的巴丘病逝，孙权西征入蜀的计划不得不中止。

得到这个消息，刘备知道机会来了，心中大喜。于是，他再次向孙权提出借南郡一事。为能顺利借到南郡，他向孙权承诺，在取得另一块能够直接进攻北方地区的土地后，就归还南郡。

这一次，孙权答应了。可是，刘备依然无法真正入川。

因为此时的益州，还在刘璋的控制之下。虽然同为汉室宗亲，但他总不能无缘无故就带兵闯入益州吧？更何况，刘璋手底下也有不少精兵悍将，真要硬闯，鹿死谁手还未可知。

刘备犯了难——这个局该如何破？许是上天眷顾，破局契机很快出现了。这一次，机会是刘璋亲自送来的。

建安十六年（211 年），曹操派钟繇率军攻打盘踞在汉中的张鲁。曹军所向披靡，让深居成都的刘璋深感不安。为了不被“吃掉”，刘璋开始积极寻找破局之策。这个时候，他身边的张松、法正等人献计，说曹操兵强马壮，如果攻下汉中再借道南下，恐怕无人能够抵挡，且张鲁也虎视眈眈。而刘备善于用兵，又是汉室宗亲，不如借助他的力量来讨伐张鲁，扩大势力。这样就算以后曹操攻来，也不用怕了。

刘璋大为心动，很快就派人联络了刘备。

面对这样送上门的好机会，刘备大喜过望，当即同意入川。但以何种方式入川，他却犯了难。原来，法正与孟达受刘璋指示，分别率领人马到荆州。可到了荆州后，法正却倒戈，私下劝说刘备趁机夺取益州，以成就大业。

这么好的机会，错过了可惜。可借帮忙之机夺取他人土地，又不是仁义之举。怎么办？犹豫再三，刘备决定听从庞统的建议，带兵入川，趁机夺权。多年的征战磨砺，使他行事越来越狠辣。

入川以后，刘备受到了刘璋的亲切接待。机会就在眼前，庞统、法正等人都劝他抓住机会，拿下刘璋，一举夺得益州。在这个节骨眼上，他却反悔了，以“初入他国，恩信未著，此不可也”的理由断然拒绝。

庞统等人心情沉重，以为错失良机，殊不知这正是刘备的老辣之处。他此时没有贸然袭击刘璋，是充分考虑到了两个方面——

一是刚入川就攻击刘璋，会让自己“仁义”的人设崩塌；二是自己刚刚入川，对各方面的情况都还不熟悉，需要做好万全准备，才能出奇制胜。

刘备又像以往那样，在益州隐忍下来。刘璋派人送了许多人马和军需物资，请他驻守川北要塞葭萌关，他没有丝毫犹豫，带领兵马去了。当然，他并没有立即出兵攻打张鲁，而是在葭萌关停留下来。

刘璋想借他的力量攻打张鲁，他就借刘璋的力量为自己谋划。在葭萌关停留的一年多里，他悄悄地做了三件事：广施仁政，收买人心；打探益州虚实，摸清益州的军事部署、物资储备等情况；制定行动方案。

他像渔夫一样，悄悄撒下渔网，然后静待收网时机。

建安十七年（212 年），张松写信给刘备，让他抓紧时间夺取益州。不料，这件事却被张松的哥哥广汉太守张肃告发。刘璋大怒，杀了张松，并与刘备反目。

刘备再没有多虑，开始武力夺取益州。悄悄布置一年多，到了收网的时间。

他知道，益州终于要属于自己了。

权变

讲一个简单的小故事，你就知道以退为进到底有多高明。

有个老人爱清静，可附近常有小孩玩，吵得要命。

于是，老人把小孩召集过来，说：“我这里很冷清，谢谢你们让这里热闹起来！”说完给每人发了三颗糖。孩子们很开心，天天来玩。

几天后，每人只给两颗，再后来给一颗，最后就不给了。

孩子们生气地说：以后再也不来这儿让你热闹了。

权变，就是要善于变通思路。

只要思路对了，为人处世就能达到得心应手的效果。

法正

深谋远虑，洞察人心

对于大老板刘璋，法正打心眼儿里反感。

原因只有两个字，“失望”。从建安元年（196 年）开始，他就与好友孟达一起投奔了刘璋。那个时候，他以为刘璋是汉室宗亲，又占据富饶的益州，定然能在乱世中成就一番事业。而他自己，也能追随“明主”实现人生抱负。

可没过几年，他就发现，刘璋不能知人善任，其实是个昏庸无能的人。他追随刘璋很久，才当上新都县令，后来又成为军议校尉。官小还是其次，最重要的是，刘璋只信任身边的一些小人，对他的建议很少采纳。

失望的种子一旦种下，就很容易生根、发芽。

法正不是个迂腐之人，见刘璋难以成事，他便四处寻找能够追随的“明主”。最终他“相中”了刘备。虽然仅见过刘备一次，但凭借独到的眼光，他认定对方是支潜力股。

他决定改投刘备。

这么大的事，怎能少得了好朋友呢？他把这件事偷偷告诉益州别驾张松。刚好，张松也觉得刘璋不是个能成大事的人，常常感慨自己的遭遇。两个人一拍即合，身在益州，心却一起飞向了荆州。

既然决定投奔刘备，那就先立个“投名状”。

他和张松一合计，使出一招“请君入川”。赤壁之战后，曹军经过一段时间的休养生息，很快卷土重来，且声势浩大。见曹军势不可当，刘璋也感到了不安，想寻求破局之策。法正和张松抓住机会，向刘璋献策，说曹操兵力强盛，难以抵挡，而刘备善于用兵，又是皇室宗亲，可以借力御敌，用刘备的力量来讨伐张鲁，抗衡曹操。

刘璋听了，认为这个办法不错，于是准备派人去荆州邀请刘备入川。

对于法正来说，“邀请刘备”是个千载难逢的好机会。因为，他可以第一时间见到刘备，并向对方表明自己的立场。所谓谋定而后动，只要先和刘备定好入川策略，那真正夺得益州，就不难了。

这一次，还得依靠张松。刘璋对张松比较信任，当他问张松谁出使荆州比较好时，张松立即举荐了法正。法正得偿所愿。不久之后，他就和孟达分别率领两千人马，前往荆州。

谋划许久，终于快能实现夙愿了，法正不禁心神激荡。

然而，事情却没有想象中的顺利。

到达荆州后，他私下找到刘备，表明立场，并直接劝说刘备趁机夺取益州，成就大业。

> “以明将军之英才，乘刘牧之懦弱；张松，州之股肱，以响应于内；然后资益州之殷富，冯天府之险阻，以此成业，犹反掌也。”
>
> ——《三国志 · 法正传》

可他劝来劝去，刘备只同意率军进入益州，帮助刘璋对付张鲁、曹操，在是否借帮忙之机夺取益州这件事上，却一直纠结犹豫。原因是，刘备觉得借着帮助人家的机会去夺取人家地盘，这事有失仁义，太不地道。

好在经过庞统的规劝，刘备终于答应，这让法正松了口气。

建安十六年（211 年），刘备带着庞统，率领一支精锐，沿着长江逆流而上，西进与刘璋相会于涪城。刘璋十分热情，增兵给钱，让刘备去攻打张鲁。刘备应允，当即率军进驻葭萌关，假意攻打张鲁。

可实际上，他却待在葭萌关“补课”。

在葭萌关的一年多的时间里，法正把益州的地理事物、兵器、政府、军队，以及各大军事要塞距离远近等情报，全部透露给刘备，并绘制成图册加以详细解说，同时还建议刘备广施恩德，收买人心。

他的目的很明确——早晚要夺取益州，知己知彼方能百战不殆，而人心所向，则是站稳脚跟的基础。

建安十七年（212 年），张松偷偷联系刘备的事情败露。刘璋一怒之下，杀了张松。至此，刘备与刘璋反目，大战一触即发。

刘备听从庞统的建议，率领大军从葭萌关一路南下，向成都进兵，势如破竹。刘璋的谋士郑度说，刘备孤军来袭，资源匮乏，民心不服。如果迁走巴西、梓潼两地的百姓，烧毁粮食仓房，再采取坚守的政策，不跟他们正面交战，必定能拖死刘备。

这个战术非常得当，一下子打在了刘备的软肋上。刘备听说这件事后，急火攻心，愁得茶饭不思。

法正跟在刘备身边，云淡风轻地说："主公，完全不用担心，刘璋是肯定不会采取这种战术的。"对于刘璋，他太了解了。

果然，刘璋拒绝了郑度的建议："吾闻拒敌以安民，未闻动民以避敌也。"为安定军心，他甚至罢黜了郑度。这件事传到刘备军中，刘备和法正不由相视一笑。

对于人性的把握，法正极为老练。他算准刘璋仁慈，不忍心伤害平民，于是写信劝降，言辞恳切。在他的语言攻势下，刘璋果然渐渐动摇。

建安十九年（214 年），刘璋投降。刘备胜了，终于得偿所愿，占据益州。

法正也胜了，仰天大笑。

权变

在社会上打拼，不能做被一眼看穿的人。

被看透，也就意味着你没有了底牌。

多看书，能显著提升个人修养。

少说话，与人打交道最忌交浅言深。

多行路，眼界宽了城府自然深厚。

让人捉摸不定，才能步步为营。

庞统

眼光敏锐，行事有度

庞统做梦也没有想到，刘备会忽然成为自己的顶头上司。

那天，他一个人坐在院子里喝酒，喝得多了就骂时运不济，骂命运不公。骂累了，他长叹一声，顺势倒在地上——“摆烂”了。

这命运，变化实在太快了。

建安十三年（208 年），孙刘联军在赤壁之战中大败曹操。随后，周瑜乘胜追击，使得驻守在南郡的曹仁弃城退走，成功夺取了江陵。周瑜任南郡太守，庞统任功曹。

庞统才华横溢，很有智谋。在南郡担任功曹时，他把各项工作处理得井井有条。他一度以为，有了南郡做跳板，周瑜二分天下的计划就可能实现。他在这个跳板上，定然可以一展所长，飞得更高、更远。

可是，正当他踌躇满志的时候，周瑜却在巴丘病逝了。孙权西征入蜀的计划搁浅，他的满腔抱负，也被按下了暂停键。把所有能骂的人都骂过一遍后，他心灰意冷，在南郡继续当起了功曹。

恰在这个时候，刘备从孙权那里“借”到了南郡。作为南郡属官，他顺理成章地成了刘备的属下。

刘备初掌南郡，不认识这位“凤雏”先生，把他安排在了县令的位置上。他原本心里就不痛快，此时觉得自己没有得到重用，于是开始“摆烂”——不上班、不干活，天天喝酒骂人。这还得了？刘备一生气，就把他给开除了。

先主领荆州，统以从事守耒阳令，在县不治，免官。

——《三国志 · 庞统传》

然而这次的开除，对庞统来说，却成了一次难得的机遇。

鲁肃知道他被开除后，立即写信给刘备，说庞统是一位大才，做县令大材小用，应该给他更高的职务，让他一展所长。诸葛亮听说这件事，也告诉刘备，说庞统是有才能的人。

刘备见他们两人力荐同一个人，不敢怠慢，赶紧召见他。经过一番交流后，刘备对他大为欣赏，任命他为治中从事，庞统的官职升了数级。

而见过刘备后，庞统的心态也发生了变化。因为，他发现刘备是一位能成事的乱世明主。也是在那一刻，他下定决心追随刘备。

庞统眼光敏锐、行事老练，为刘备献计，夺取益州。

建安十六年（211 年），法正奉益州牧刘璋之命到荆州，迎接刘备入益州共同对付张鲁。法正到达荆州后，立即背叛刘璋，向刘备献计夺取益州。可刘备却认为这不是仁义之举，不愿意借帮忙的机会夺取他人土地，犹豫再三。

庞统明确地分析了局势，劝刘备说，凡事不能墨守成规，益州土地肥沃，物产丰饶，如果夺过来以此为根基，可成就大业。再说，如今天下大乱，就算你不夺益州，益州同样也会落入他人手中。大不了成事以后，你善待刘璋，就没有人说你背信弃义了。

“权变之时，固非一道所能定也。兼弱攻昧，五伯之事。逆取顺守，报之以义，事定之后，封以大国，何负于信？”

——《三国志 · 庞统传》

刘备原本就有心夺益州，此时听庞统一说，豁然开朗，于是不再纠结，留下诸葛亮镇守荆州，自己则带着庞统领兵进入益州。

对于刘备，刘璋也在小心防范。涪城两军相会后，他立即拨给刘备很多兵马粮草，连战略要隘白水关的军队也交给了刘备。他的目的只有一个，让刘备尽快率兵攻打张鲁。

庞统何等老辣，一眼就看透了刘璋的心思。他建议刘备待在葭萌关，假意打张鲁，实际上干点别的。干什么呢？广施仁政、收买人心、打探虚实、积蓄力量。

结果，刘备在葭萌关停留一年多，没有打下张鲁，反倒是和杨怀、高沛等驻扎在白水关的刘璋将领打得火热。同时，他还摸清楚了益州的底细，比如地理形势、物资储备、军事布置等。

一切就绪，可以收网了。

对于如何夺取益州，庞统凭借精准的战略眼光，为刘备出了上中下三个策略。

上策是组织一支奇兵，南下奔袭，快速直捣成都；中策是假装荆州有急事，要带兵东归，邀请白水关守将前来赴宴，趁机拿下白水关，消除后顾之忧再南下；下策是退守白帝城，等待荆州援军，再慢慢夺取益州。

上策太快，风险太大，自己带领的一万多军队，很难一举攻下成都；下策太慢，返回白帝城，这一年多就等于白干了，刘备思前想后，选择了中策。

这是庞统的老辣之处。他给刘备制订的计划，其实只有一个中策。之所以同时拿出上策、下策两个不靠谱的计策，其实就是让刘备可以通过对比，更坚定地选择靠谱的中策。对于人性与心理，他琢磨得极为通透。

刘备依计而行，杀掉白水关守将杨怀、高沛，消除后顾之忧后，挥兵直指成都。一路上，庞统不断给刘备建言献策，使刘军所向披靡，很快就打下了通往成都的重镇涪陵，占领益州指日可待。

刘备心中喜悦，与将士们饮酒作乐，志得意满。

庞统却泼冷水，对刘备直言：“你占了人家的领土，却感到很开心，这可不像是一支仁义之师啊。”刘备大怒，当众将他驱逐出宴会。

庞统没有生气，而是笑着离开。

作为谋士，他是合格的，推着刘备舍弃仁义，夺取了益州。可在他的心里，仁义，仍是他美好的向往。

权变

人性是需要折中取舍的，理解这点，做事便能事半功倍。

一家酒店需要采购一大批雨伞，赠给客人使用。

第一天，商人甲推销雨伞，一把雨伞要一百块。

第二天，又来一位商人乙，说一把雨伞只要十块。

第三天，又来一位商人丙，提出一把雨伞二十五块。

经理考虑过后，与商人丙签订了合同。

甲的要价太贵，故不考虑；乙的要价太低，让人担心是否来路不正。

因为折中，所以经理选择了丙。但他不知道，甲跟乙，都是丙的员工。

张飞

冷静沉着，粗中有细

当刘备带着庞统，准备前往蜀地时，张飞很不情愿。

这些年，他跟着刘备南征北战，打过无数场硬仗。他知道刘备入川去干什么，因此，又想像往常一样，替大哥冲锋陷阵，攻城略地。可是，刘备只说了一句话，他就不得不留守荆州——

“三弟，你就别去了，与孔明、云长一起看家吧！”

对于刘备的话，他一向言听计从。跟着刘备的二十多年，他基本上都在“流浪”。兄弟几个人守在一起，为共同的目标而努力，肝胆相照、生死与共，不是亲兄弟却胜似亲兄弟。他敬重大哥，愿意为他做任何事情。

他人生第一个高光时刻，是在建安十三年（208 年）的当阳。当时，曹操率军南下，刘表病死，刘琮投降。刘备不愿意投降，带着数十万百姓向南逃去。曹操派曹纯率军追了一天一夜，终于在当阳长坂坡追上，刘备的人马辎重、妻儿老小都陷入曹军的包围圈中。刘备不敌，只好率领残部落荒而逃，而后，赵云又杀回去救刘备的妻儿去了。

在这个关键时刻，张飞受命断后。他召集二十多个骑兵，站在当阳桥头，据水断桥，勇猛气势竟然吓得曹军不敢上前。那一“站”，他名动天下。

世人都赞他“勇”，却鲜少有人赞他“智”。他思维缜密，行事果决，立在当阳桥头，固然勇猛，但实际上是算准了曹军摸不清虚实，不敢贸然过桥追赶。

现在，距离当阳桥头那一“站”，已经过去了三年多。他虽然跟着大哥刘备又打了数场大仗，还担任了宜都太守、征虏将军，但内心深处，仍渴望着再来一次高光时刻。只可惜，他这次只能“看家”。

然而，让他没有料到的是，这次看家，竟然也有仗可打。

刘备带着庞统前脚刚走，后边东吴就来找事了。孙权派人迎接孙夫人回吴，同时把刘备的儿子刘禅也带走了。

张飞得知后勃然大怒，与赵云一起去截住了孙夫人。他虽然生气，却能保持冷静，考虑周详，知道还不到与东吴撕破脸的时候，于是果断放孙夫人回东吴，只夺回了刘禅。

他的长处，不仅在于勇中有智、粗中有细，更在于对人性的把握极准。

刘备入川一年后，与刘璋决裂，诸葛亮收到消息后，与张飞、赵云等人率兵入川增援。大军到达江州时，江州守将严颜据守不降。

可严颜怎么会是张飞的对手？只一波冲锋，张飞就率军攻下江州城，生擒了严颜。

张飞觉得，严颜明知抵挡不住还要硬顶，对自己很不礼貌。再加上严颜拒不投降，于是便想杀了对方解气。哪知道严颜却义正词严，称江州只有断头将军，没有投降将军。

这一下，张飞更生气，当即就要斩杀严颜。

生死关头，严颜不仅没有害怕，反而奚落张飞："斩首就斩首，你发什么怒？"

有意思的事情发生了——张飞见严颜悍不畏死，竟然压下脾气，释放了严颜。不仅如此，他还诚挚地给严颜道歉，将其引为上宾。

释放严颜，固然是出于对严颜的敬重，但张飞实则另有考虑。他深知严颜在蜀地有着广泛的影响力，策略性的释放可以为刘备的入川之路扫除障碍，减少阻力。当然，若严颜诚心归附，也可以为刘备再添一员猛将。

表面看起来粗犷，实则袖里乾坤，这是张飞的智慧。

权变

人生最难的是做到体面。性格要粗，做事要细，粗中有细就是体面。

公司来了新人，一个女孩。女孩学历高，一直看不起大大咧咧的上司。

一次饭局，就她一个姑娘。众人喝醉了起哄，要灌女孩酒，女孩六神无主。领导见状立刻让她去买烟，并随口说了一个牌子。

女孩没有买到，于是打电话询问领导，说可不可以换种烟。领导勃然大怒:“买不到就别回来了!”饭局上其他人闻言酒醒了一半，开始心疼女孩。

借着买烟，女孩逃过了一劫，并且也没有得罪同事。待女孩回过味来，她再也不敢看不起领导。

领导在帮女孩解围的同时，照顾了所有人的情绪，并树立了威严。

领导的艺术，就是周全的艺术，是粗中有细的掌控艺术。

第八章

祁山洛水

隐忍与蛰伏：争是不争，不争为争

滚滚长江东逝水，浪花淘尽英雄。是非成败转头空，青山依旧在，几度夕阳红！在曹操分香卖履、病逝洛阳，刘备夷陵兵败、托孤白帝后，历史好像要为龙吟虎啸的三国乱世拉上帷幕了。

而在祁山与洛水，三国中的两位顶级谋略家——诸葛亮与司马懿，即将用一次次精彩的智谋交锋，为自己的生命，也为一段可歌可泣的历史，画上独属于他们的句号……

诸葛亮

见机而作，相机而动

行兵之要，务揽英雄之心，严赏罚之科，总文武之道，操刚柔之术，说礼乐而敦诗书，先仁义而后智勇！

蜀汉章武三年（223 年）初夏，刘备在白帝城永安宫逝世。

临死前，他对诸葛亮说：你的才能远胜曹丕，必定可以安定国家，匡扶汉室。如果太子值得辅佐的话，那就辅佐他，而太子如果没有什么才能，不能辅佐的话，你可以取而代之。

> “君才十倍曹丕，必能安国，终定大事。若嗣子可辅，辅之；如其不才，君可自取。”
>
> ——《三国志 · 诸葛亮传》

诸葛亮心中悲痛，扶着刘备的灵柩，哭得几乎晕厥。可哭过之后，蜀汉大局还要他来主持，他不得不止住悲痛，扶持刘禅上位，继续做着刘备没有完成的事业。至于“自取”，他从来没有想过，刘备的知遇之恩，他愿意用一生来报答。

他虽然智计无双，行事精明，但此时蜀汉内部并不稳定，几乎四处漏风——

连年征战，使国力非常虚弱。尤其是章武二年（222 年），刘备在伐吴之战中被吴国大将陆逊以火攻连营之策打败，蜀汉损失惨重，元气大伤。而在刘备去世后，一些将领也渐生异心。

这一切，化成一副重担，沉甸甸地压在了诸葛亮的身上。

但他不敢不接着，也不能不接着。因为，这是刘备临终前的嘱托，他不能辜负这份信任。

好在刘禅对他很信任，也很依赖。刘禅继位后，视他为父，政事上的大小事务完全依赖于他，由他决定。这给了他足够的施展空间。

诸葛亮知道，蜀汉要想真正站稳，国力是第一位的。因此，在以后的几年里，他殚精竭虑，凭着卓越的管理才能，着手恢复国力——

他修复了夷陵之战破坏了的孙刘联盟，使吴蜀两国和好如初，少了一个强敌；坚持“攻心为上”的策略，七擒七纵孟获，平定南中，巩固了后方。同时，他还实施了一系列改革措施，建章立制，稳定社会，发展经济，使蜀汉国力逐渐壮大。

经过几年苦心经营，蜀汉终于从惨败中恢复过来，而且经济有了新的发展。与此同时，他还重新建立起一支约莫十万人规模的军队。

终于是时候了。

蜀汉建兴四年（226 年），魏文帝曹丕去世，其子曹叡继位。由于缺乏统治经验，魏国内部颇有动荡。诸葛亮认为时机到了，果断找到刘禅，说了自己北伐的想法。

他原以为，刘禅又会像以往一样，无条件支持自己，却没有料到，刘禅竟然犹豫了，还说什么“今又欲北征，恐劳神思”。

他明白刘禅的担忧，不打仗，蜀汉可以偏居川地，安享太平。可一旦北伐，能成功固然是好，如果不能成功，那之前的努力就前功尽弃了。很有可能，北伐失败还将带来难以预料的后果。这些，是刘禅不愿意看到的。

他也不愿意看到。但是，他必须北伐。他对刘禅说：

> 今南方已定，兵甲已足，当奖率三军，北定中原，庶竭驽钝攘除奸凶，兴复汉室，还于旧都。此臣之所以报先帝，而忠陛下之职分也。
>
> ——《出师表》

作为蜀汉的首席智囊，诸葛亮看得比刘禅远，也比其他大臣透彻。为什么一定要出师北伐？他的理由很简单——报答刘备，完成其“兴复汉室”的遗志。

他清晰地预判到，只要勇敢地走出去，在战争中成长，蜀汉就有机会强盛起来。

北伐，就这样在他的坚持下，拉开了序幕。蜀汉建兴六年（228 年）春，诸葛亮首次北伐。

诸葛亮虽然年事已高，但运筹帷幄，仍然超群。他命赵云、邓芝率领一支兵马作疑兵，进驻箕谷，用来吸引魏军。魏军果然上当，派出大将曹真率主力来抵挡。而他自己，则率领主力向祁山方向进攻。

大军压境下，陇右的天水、南安、安定等郡相继叛魏降蜀。他又收复了姜维，一时震动四方。

眼看北伐将取得阶段性胜利，意外还是发生了——

街亭守将马谡没有听从诸葛亮的部署，最终败给张郃，丢了街亭。街亭是陇右和汉中之间的通道，战略位置极其重要。另一方面，赵云也出师不利，在箕谷打了败仗。

接连的失败，让诸葛亮不得不率军退回汉中。第一次北伐以失败告终。

诸葛亮的老到之处，不仅在于计谋，还在于对战机的把握。这年冬天，东吴的陆逊在石亭打败了魏国的曹休。诸葛亮抓住这个好时机，带兵出散关、围陈仓。只可惜，这一次，他遇到了善于守城的郝昭。他用尽各种方法，也未能攻破城池，而郝昭也坚决不投降。久攻不下且粮草不继，他不得已只好带兵退回汉中。第二次北伐，又失败了。

建兴七年（229 年），诸葛亮派陈式进攻武都、阴平，开始第三次北伐。成功夺取这两个郡，留兵据守，自己率军回到汉中。

建兴八年（230 年），魏国不堪蜀国频繁骚扰，主动发起了进攻。魏军分三路进军蜀国，来势凶猛，却因连降暴雨，只好无功而返。诸葛亮在庆幸的同时，加快了北伐的步伐。

建兴九年（231 年），诸葛亮凭借聪明才智，发明木牛运送粮草，出兵祁山。魏军统帅司马懿知道蜀军远道而来，军粮不多，于是坚守城池，拒不出战。诸葛亮睿智地采用诱敌之策，在上邽击败魏军，抢收小麦，引诱魏军追击。等魏军逼近时，他率军打了司马懿一个措手不及。然而遗憾的是，当他正想进一步扩大战果时，负责筹措军粮的李严却因无法完成任务，假称东吴来犯，让他不得不撤兵。

建兴十二年（234 年），诸葛亮再次北伐。以流马运送粮草，他率领大军出斜谷，在渭水南岸五丈原扎营。他信心满满，以为与东吴约定好同时攻魏，一定会有所收获。哪知东吴在北伐时吃了一场败仗，就撤回江东，只有他带着蜀军与魏军周旋。

这年八月，他积劳成疾，病死在五丈原。北伐大计，终究化为泡影。

临死之前，他仰天长叹：我这一生，无愧天地，但终究是没能完成先主的遗志啊！

呜呼，哀哉！

权变

《孙膑兵法》中有这样一段对话。

齐威王问孙膑：两军对战，实力相当，应该怎么办？孙膑说：先用少量兵马进行试探，不要急着取胜。

齐威王又问：那我强敌弱，又当如何？孙膑答：诱导对手，让对方前来交战。

齐威王再问：敌众我寡，又该如何呢？孙膑答：避其锋锐。

所谓见机而作，相机而动，就是将随机应变用到极致。

凡事不拘泥，做事够灵活，就能达到出手如神的效果。

司马懿

韬光养晦，暗藏锋芒

黄初七年（226 年）五月，曹丕病重。临终前，他令司马懿与中军大将军曹真、镇军大将军陈群、征东大将军曹休为辅政大臣。曹丕对这几个人非常信任，叮嘱太子曹叡说：

“在这里的几位重臣，一定不要怀疑他们。”

曹丕信任司马懿等人，希望后继之君也能一样信任他们，重用他们，共同开创魏国的盛世。然而他到死也没有料到，其中的一位重臣，后来竟架空魏室，最终使曹家失了天下。这个人，就是司马懿。

不过，此时的司马懿显然藏起了那份野心，还在韬光养晦之中。这是他最拿手、最擅长的生存本领。

司马懿早年追随曹操，在曹操身边工作整整十二年，参与了许多重大的战略决策。可是，他却始终没能得到曹操的重用。原因是，曹操听说他有“鹰视狼顾”之相，且梦到“三马同槽”，认为三个姓里有“马”字的人，想要篡夺曹家的江山，于是对他百般猜忌。

经历过曹操的猜忌，司马懿深刻意识到，要想赢得王心，唯有尽心尽力，出谋划策，同时还要韬光养晦。因此，当曹丕还是太子时，他就尽力辅佐，没有丝毫异心；主动出手相助，为曹丕化解了因曹操猜忌而可能带来的杀身之祸。

曹丕继位后，司马懿继续自己的韬光养晦策略。一方面，他尽心辅佐曹丕，智定青徐，与东吴多次交战，每一战，他都竭尽所能，打得异常出彩，也打出了声望。而另一方面，在曹丕面前，他时刻保持着低调，把锋芒都藏了起来。因此曹丕一直到死，都对他很重用，没有丝毫猜忌。

老辣的为人处世手段，使他在魏国地位稳步提升。

曹丕死后，曹叡继承了皇位，继续重用司马懿。同样，司马懿也沿用了自己之前的方针，韬光养晦，不露锋芒。他带兵四处征战，打了不少胜仗，更是在五丈原上用“坚壁清野，以守待攻”的战略，耗退了蜀军，耗死了诸葛亮。凭着不断积累的功绩，他的声望在魏国渐渐无人可及。

即便这个时候，他还是深藏欲望和野心，时刻保持着低调。因为他明白，自己的权力再大，也都是曹家人给的，随时可能会被收回去。低调，才能长久。

果然，曹叡终其一生，都对司马懿极为信任。曹叡去世时才三十多岁，临死前，也像父亲曹丕一样，下旨令司马懿与大将军曹爽共同辅助幼帝曹芳。

凭着沉稳的行事手段，司马懿再次坐上辅臣的位子。只是这个时候，与当年辅助曹叡时不同，他的地位已经发生了翻天覆地的变化。此时的他是四朝元老、军功元勋，门生故吏遍布朝野。就算是皇家宗亲，见到他也会心生忌惮。

但即便是这样，他依然刻意保持着低调。因为他很清楚，自己还有一个强大的对手——曹爽。

曹芳登基后，曹爽与司马懿各统精兵三千，共同执掌朝政。曹爽野心很大，见皇帝年幼，逐渐垄断朝中的势力。他将司马懿提升为太傅，明升暗降，实为削夺司马懿的军权，排挤司马懿的势力。

面对曹爽的打压，司马懿再次把韬光养晦的策略用到了极致。他原本有实力与曹爽较量，但聪明地选择了以退为进——不争、不抢，甚至不让子弟为官。当曹爽派人借机伺察时，他还装出了一副“年老沉疾、死在旦夕”的模样。

曹爽试探几次，果然上当，认为司马懿快要老死了，不再把他放在心上。

司马懿虽然老了，头脑却非常清醒。而且他的野心和欲望，也随着年龄的增长，变得越来越大。虽然称病不再过问朝政，但实际上，他一直在暗中布置，准备消灭曹爽和其党羽。

这一次，他一出手就有雷霆万钧之势。

正始十年（249 年）初，曹芳离开洛阳，去高平陵祭拜魏明帝，大将军曹爽、中领军曹羲、武卫将军曹训等人从行。司马懿抓住机会，发动政变。关键时刻，他装病时的布局起到了作用，很快就全面控制了京都。

曹爽知道这件事后大惊失色，属下劝他挟持皇帝到许昌，然后发文征调天下兵马勤王，他却犹犹豫豫没有听从，反而派人去洛阳见司马懿，想探听动静。

司马懿老谋深算，知道曹爽心中犹豫不定，于是多管齐下。他一边对曹爽使者数说曹爽的过失，劝其早来服罪；另一边，派曹爽的亲信殿中校尉尹大目去找曹爽，向其保证，如果投降，朝廷只是罢免官职，并以洛水为誓；与此同时，他还让蒋济写信给曹爽，称自己只是想将他们罢免，劝告他们尽早交出权力，可以保他们爵位富贵。

曹爽原本心里就害怕，正纠结是打还是投降，见许多人来劝自己，司马懿又信誓旦旦地保证只是罢免官职，且还以洛水为誓，于是便相信了。不久之后，曹爽请求免职，跟随曹芳回到洛阳。

曹爽一回来，司马懿立刻以谋反的罪名诛杀了他及其党羽，并夷灭三族。

至此，曹魏的军政大权，完全落到了司马懿手中。

权变

伏久者，飞必高，开先者，谢独早。

隐忍并非忍气吞声，而是一种后发制人的大智慧。

在面对未知的局势时，要耐得住性子观察。

在面对巨大的诱惑时，要克制得住野心。

在面对不断的失败时，要稳得住个人信念。

唯有如此，才能以退为进，时刻占据有利地位。

曹爽

明抬暗压，曲线迂回

对于司马懿，曹爽一直不放心。因为他知道，这个形容枯槁的老头在军中有着可怕的影响力。而这样的影响力，会给曹家，乃至整个魏国带来巨大的威胁。

他决不允许这样的事发生。

成为辅政大臣后，幼帝曹芳在他大将军的基础上，加侍中，改封武安侯。地位上升、权势加重，曹爽迫切想要对付司马懿。

但怎么对付，他颇为头疼。

他是大司马曹真的长子，凭借家族的血缘关系，从小就与曹叡的关系特别好。曹叡继位后，封他为散骑侍郎、城门校尉、散骑常侍、武卫将军等官职，对他一直是刻意培养。但他有个致命软肋——少有军功。而司马懿戎马半生，门生故吏遍布军中，威信无人能比。

这怎么斗？如何去斗？

曹爽虽然资历不如司马懿，却并不蠢笨。混迹朝堂多年，他也掌握了一套老辣的政治手段。为对付司马懿，他多种策略并用。

一开始，对司马懿这位四朝老臣，他十分尊敬，凡事都与司马懿商议，并不独断专行。这当然并非真心尊敬，而是权宜之计，准备工作没有做好之前，他还不想与司马懿翻脸。

他暗地采取了一些措施，逐步实现自己的计划。

一是明升暗降。曹爽很清楚，司马懿的势力在朝廷中根深蒂固，并非一朝一夕就能拔除，只能慢慢削弱。为了能将司马懿从各项事务中剥离出去，削弱其处理国家政务的权力，他借着曹芳的名义，给对方加封为太傅。这个官职属于三公之一，位高，但权不重，没有什么实权。

二是政策安抚。为了安抚司马懿及整个司马家，他又给司马家许多“福利政策”。司马懿上朝时，“入殿不趋，赞拜不名，剑履上殿”。同时，封司马师为散骑常侍，子弟三人为列侯，四人为骑都尉。另外，司马家的人无论嫁娶丧葬，费用都由朝廷出。

曹爽的做法不复杂，却极刁钻，排挤打压的同时，让司马懿挑不出丝毫毛病。不过，他心里也很清楚，排挤打压只能削弱，远远解决不了问题。要想真正扳倒司马懿，还得“放大招”。

“大招”他也准备好了。

一方面，着手组建自己的班底。他提拔了一批出身官宦世家、却不属于儒家经学世族，与司马家关系不大的不得志青年，包括驸马骑都尉何晏、散骑常侍夏侯玄、中书郎邓飏等人，让他们在朝堂上担任高官要职。这样，可以有效地削弱司马懿的权力，让京都内外的权柄尽可能落在自己手中。

另一方面，“曲线迂回”拿军权。他很清楚，军权是司马家族的立足根本，只要尽可能多地拿到军权，司马懿就不足为惧。可就算司马懿被迫进入“半隐退”状态，他手中的军权自己也不能一时间之间拿到手。那怎么办？

他采用了一种“曲线迂回”的策略——安排亲信，通过打仗，慢慢夺取军权。

最初，他安排赵俨起全国之兵，作出了要进攻蜀汉的姿态。赵俨是他父亲曹真的军师，足智多谋，很有手段。在他看来，只要赵俨能顺利跟蜀汉打上几场仗，再取得胜利，那么就能在军中树立威信，逐渐取代司马懿。而且打胜仗也不会太难，毕竟魏国兵力强过蜀汉太多。

方法很明确，可行性也很强，但他严重低估了实施的难度。赵俨走马上任后，整整四年，竟然没能发动一次有效的进攻。这倒不是赵俨偷懒，而是司马懿在军中的地位太稳固了，赵俨没有兵马，仗还怎么打？

没办法，曹爽只好换人，让自己做禁军统领的表弟夏侯玄去军队。为了不让夏侯玄重蹈赵俨的覆辙，能够调动军队，他同司马懿做了政治上的交换——让夏侯玄前往军队做主帅，而司马懿的长子司马师做禁军统领。

他的想法很好：

夏侯玄在军队做主帅，调动军队，多打几场胜仗，慢慢掌握军权；禁军统领的职位虽然给了司马师，但自己是大将军，安插人手、发布命令这些事，不还得由自己决定吗？这场交易，自己稳赚不赔啊！

似乎，一切都在朝着好的方向发展。他迫切需要几场硬仗，来夯实胜利的果实。于是，带着急切的心情，他迫不及待地发起了灭蜀之战。

正始五年（244 年），曹爽命夏侯玄为征西将军、假节都督雍凉诸军事，节制关陇兵马。随后，他亲自率领七万大军到长安，准备一举灭蜀汉，立下仅次于曹操的军功。

他计划得很好，诸葛亮已经不在了，蜀汉无大将，魏国凭借雄厚的军事实力，灭蜀并不困难。可战争一开始问题就出现了——后勤粮草供应不上。

这自然是司马懿的反击了。军队中到处都是他的门生故吏，他想掐断粮草，使个绊子，简直太容易不过。而这导致的直接后果就是，曹爽的伐蜀战争大败。

这场惨败，完全打乱了曹爽的部署。为了在司马懿和其党羽反攻之前，利用好之前已经拥有的优势，快速取得决定性胜利，他开始不顾一切使用激进手段——

> **大将军爽用何晏、邓飏、丁谧之谋，迁太后于永宁宫，专擅朝政，多树亲党，屡改制度。**
>
> ——《资治通鉴》

在曹爽激进的同时，司马懿也积极行动了起来。

司马懿假装生病，不问政事。同时期，他的长子司马师担任中护军统领，提拔了大量忠于司马氏的军官，并养了三千死士，散落在民间。

曹爽不相信司马懿病了，不断派人到司马懿的府邸探望。可他派去的那些人，又怎么会是老谋深算的司马懿的对手？试来试去，他竟然真的相信——这老家伙命不久矣，不足为虑。

而这次大意，最终让他败在了高平陵……

权变

想要顺风顺水，做事马到成功，不妨在做事过程中走几条“弯”路。

老李退休后租了家店面，想做生意，但又不知道该干什么。

这时候，一个老朋友给他出了个主意。他让老李在店门口贴上“旺铺低价转租”的广告。只要有人打电话来咨询，就问他们租店干什么。

老李一头雾水，但还是照做了。很快，打电话咨询的人接踵而至。

想开服装店、健身房、茶室……说什么的都有。其中，想开茶室的人最多，朋友便让老李开茶室。

最后，对生意一窍不通的老李成功了，茶室生意火爆。

想成功，脚下一定要走阳关大道，思维却要多绕几个弯。

桓范

果断决绝，见微知著

景初三年（239 年）正月初一，魏明帝曹叡病重，立曹芳为皇太子。当天，曹叡病逝，曹芳即位，年仅七岁，尊魏明帝的皇后郭氏为皇太后，由曹爽和司马懿共同辅政。

一朝天子一朝臣。曹爽和司马懿成为辅政大臣，在朝堂上呼风唤雨，桓范也得到升迁的机会，成了大司农。这个职位虽然比不上曹爽的大将军和司马懿的太傅，但掌管租税钱谷、盐铁及国家财政收支，也算位高权重。

桓范是个聪明人，行事果断老成。看到曹爽逐渐垄断朝中权力，且处处压制司马懿，便慢慢靠向曹爽。而曹爽也因为他能力出众，且是同乡，所以对他特别礼待。不过，两人之间交往却并不密切，只保持一般的“同事”关系。

这是桓范的高明之处——朝堂之上，风云变幻，太过亲近任何一方势力，都有可能会引来杀身之祸。而站在中间，则能从容应对任何变化。

当然，该做的事他还是会去做。

曹爽独霸朝堂后，手中权力越来越大，行事也越来越骄横跋扈，不把任何人放在眼中。他喜欢游玩，总是与兄弟曹羲等人一起出游。

桓范眼光毒辣，看出他们这样很容易出问题，就对曹爽说：“你们兄弟总揽大权，掌管禁军，不宜一起出城。万一有人关闭城门，你们谁又能进城呢？”不把所有鸡蛋放进一个篮子里，这是谁都能明白的道理，可曹爽偏偏不听劝，冷哼一声说：“谁敢做这种事？”

可曹爽不知道的是，有人敢做这种事，而且早已准备好了。

正始十年（249 年），曹爽带着几个兄弟，跟随曹芳一起去高平陵祭拜魏明帝，洛阳城内空虚。司马懿趁着这个机会，发动政变。他先是入永宁宫，向素来与曹爽不睦的郭太后上奏，称曹爽兄弟败乱国典、擅权营私。取得郭太后同意后，他以“奉太后”的名义上奏天子，请求罢免曹爽。与此同时，他关闭洛阳城门，把整个洛阳城完全掌控在手中。

政变突然发生，洛阳城外高平陵的曹爽、洛阳城中的大臣都有些惊慌失措。曹爽考虑的是要不要打的问题。而大臣们考虑的，则是如何站队的问题。

此时，桓范也在洛阳。与儿子商量后，他决定出洛阳，到高平陵投奔曹爽。理由很简单——魏国毕竟是曹家的天下，且皇帝也在高平陵，司马懿一定争不过曹家。临出发前，他把自己的判断告诉了大司农的属官们。

结果可想而知，属官们全都劝他留在洛阳——强出什么头呢？安安稳稳地留在洛阳，静待事情结束不好吗？

可桓范只是轻轻一笑，揣着大司农印悄然离开，并利用关系混出了洛阳城。在他看来，曹氏是正统，必然能够取得最后的胜利。他有信心，也有能力，协助曹爽打破僵局，重新掌控洛阳。

只可惜，他忽视了人心。

司马懿控制洛阳后，率领兵马，以勤王的名义驻扎在洛水浮桥。曹爽见司马懿大军逼近，一时慌了手脚，不知道怎么办才好。

这个时候，桓范刚赶到高平陵，及时为曹爽献计说，只要带皇帝到许昌，再发文书征调天下兵马勤王，这场仗就不难打。见曹爽没有主见，他又劝曹羲可以利用阙南别营和典农校尉的军队暂作抵抗，然后占据许昌。同时，他还向曹氏兄弟保证，自己怀揣大司农印，可以确保军队不会缺粮。

这两条计策，可谓光明正大——司马懿不是打着勤王的旗号吗？咱们也“勤王”。皇帝在咱们手中，那就比比谁的号召力更大。在桓范看来，无论是人心所向，还是军需粮草，曹爽阵营都强过司马懿阵营，这场仗怎么打胜算都很大。

可问题是，曹爽不信任他。见他从洛阳跑来，曹爽本就心生怀疑，不仅没有采纳他的建议，反而派人去洛阳打探动静。这一打探可不得了——

司马懿开启了“忽悠”模式，对远在高平陵的曹爽软硬兼施，不断“洗脑”。他一方面细数曹爽的罪行，劝其赶紧投降；另一方面又不断让曹爽的人、自己的人游说曹爽，并以洛水为誓向曹爽保证，投降只是免除官职，不会有损爵位富贵。

曹爽苦思冥想一晚上，为了以后还可以继续过富裕奢华的侯爵生活，保存家族，决定罢官投降。

桓范得知曹爽的决定后，大哭一场，边哭边大骂：“曹子丹（曹真）大英雄，可他现在这三个儿子，简直是蠢猪。今天因为你们，我将灭族啊！”

很不幸，桓范又料对了。曹爽等人投降后，并没有保住爵位富贵，都被司马懿以谋反的罪名处死。而桓范也与曹氏兄弟一同被处死，并诛灭三族。

临死之前，他仰天长叹：一子落错，满盘皆输。

这也许就是命。

权变

掌握以下三点分寸，在人情世故中便能如鱼得水。

一是沉默是金。

当有常年不联系你的同学、朋友突然发来消息，不要急着回复。

二是不说人坏。

当有人向你吐槽他人缺点时，一定不要顺着他说。

三是停止反驳。

遏制自己的反驳欲，能避免生活中绝大多数麻烦。

中庸不是平庸，而是一种恰到好处的分寸。

郭太后

藏器于身，待时而动

景初三年（239 年），魏明帝曹叡病死，太子曹芳继位。

伴随幼帝登基，朝廷的局势很快就发生了变化。曹爽和司马懿同为辅政大臣，两个人相互制衡，又相互争斗，忙得不亦乐乎。

在他们斗来斗去时，郭太后却空闲下来。此时的她，已成为后宫第一人，甚至在朝堂上，也有极大的话语权，终于可以好好歇歇了。这些年，她每天都过得小心翼翼，如履薄冰。现在陡然空闲，竟有些无所适从。她想起了从前。

入宫之前，她是西平郡郭家世族的一个普通小姐。像大多数女子一样，她渴望能觅得一个好归宿，过平淡的生活。可天下大乱，哪里能有平淡生活呢？黄初年间，西平郡发生暴乱，皇帝派人前去镇压，她稀里糊涂被带进了宫中。

曹叡继位后，对她的美貌十分心动，于是将她封为夫人。她以为得到皇帝的宠爱，从此会过上好日子，却没有想到后宫争斗更加残酷。因为受皇帝宠爱，她很快就成了毛皇后的眼中钉、肉中刺，处处被针对，处处被刁难。

也是从那时起，她学会了权谋和隐忍，学会了机警地应对一切恶劣环境。

毛皇后很早就被曹叡处死了。现在，曹叡也死了，曹芳继位，她成为万人之上的太后。但她的权力之路，却刚刚开始。因为她是太后，是离幼帝最近的人。

她开始逐步把持朝政。

皇帝年幼，许多奏折呈上来时，郭太后就会顺理成章地翻阅，从而影响朝政。对于权势，她其实没有多大野心，所求只是保护自己，壮大郭家而已。但是，在这个位置上，她只能一步一步走进权力的中心。

郭太后是个聪明人，多年的宫廷斗争让她精准地预判到“太后”这个位置将会带来的风险——曹爽和司马懿为权力明争暗斗，而自己站在皇帝身侧，恰好与他们形成“三足鼎立”的局面。如果他们为了权力，调头对付自己怎么办？

她开始为自己铺路。曹叡在世时，她凭着曹叡对自己的宠爱，让郭家逐步发展起来，堂叔郭芝被封为虎贲中郎将，叔父郭立被封为骑都尉。如今成为太后，她要做的第一件事，仍是想方设法发展郭家权势。她很清楚，郭家掌握的权力越大，自己在朝廷中的地位就越稳固，安全也越有保证。

于是，在她的安排下，郭芝调任散骑常侍、长水校尉，郭立成为宣德将军。郭家上下，她的兄弟子侄都成了掌握实权的人物。而她自己，不仅能翻阅奏折，影响朝堂，还掌握着帝权的更替，风头无两。

整个郭家，在魏国风光无限。

她在为自己和郭家谋划的时候，曹爽和司马懿的争斗也进入白热化阶段。曹爽处处打压、排挤司马懿，在朝堂上占足了优势。为能立下军功，抓住军权，他顶着巨大的压力，发起了声势浩大的伐蜀之战。可结果是，大战因为军需粮草供应不上，以及司马家的“参与”，以失败告终。

战场失利，曹爽立军功、抓军权的计划落空。气急败坏之下，他听从何晏等人的计谋，打算直接控制皇帝，掌控朝廷。而郭太后在皇帝身侧，自然就成了他最大的障碍。

正始八年（247 年），曹爽把她赶到永宁宫，开始“专擅朝政，多树亲党，屡改制度”。面对曹爽的跋扈，她没有气急败坏，也没有采取任何行动，只默默地接受。她很清楚，正面交锋，自己远不是曹爽的对手。她需要以退为进，找到一个机会。

与此同时，司马懿同她一样，也采取了以退为进的策略——装病。不上朝，不问政事。

三足鼎立，变成一家独大，曹爽志得意满，行事更加张扬跋扈，肆无忌惮。郭太后虽然落入下风，却多了一个盟友——司马懿。因为，敌人的敌人，就是朋友。她老辣地预判到，司马懿不会甘于沉寂，一定会联合自己，共同对付曹爽。

她又料对了。正始十年（249 年），曹爽带着几个兄弟，跟随曹芳前往高平陵祭拜魏明帝。司马懿见时机成熟，准备发动政变。他来到永宁宫，请郭太后与自己一起对付曹爽。

对于这一天，郭太后早有准备。她亲自下了诏书，细数曹爽罪行。这份诏书，让司马懿的政变名正言顺起来，也让洛阳城中很多大臣倒向了司马懿。

在她的配合下，司马懿政变成功，最后成功诛杀曹爽，夺取了魏国大权。

魏国是曹家人的天下，她是魏明帝曹叡的皇后，原本应该与曹爽更近一些。可她却亲手把魏国大权送到了司马懿手中，间接造成魏国的灭亡。

对于这一点，她从来不后悔。

权变

所谓待时而动，便是告诉我们，实力渺小的时候，一定要藏器于身，积蓄力量。

用鸡蛋去碰石头，哪怕砸烂一百个鸡蛋，石头也丝毫不会被损坏。但你可以用鸡蛋孵出鸡，再让鸡去啄石头。

一只不行就两只，两只不行就三只

一百只鸡的战斗力，可比一百个鸡蛋强多了。

这世上没有迈不过的坎坷，也没有办不成的事业，只有耐不住心性的人。